Die Unmöglichkeit der Leistung

bei

zweiseitigen Schuldverhältnissen.

Eine romanistische Abhandlung

von

Dr. Richard Loewy.

Berlin

J. J. Heines Verlag

1888.

Vorwort.

Der Verfasser unterwirft mit einigem Zagen eine Jugendarbeit, auf Grund deren er den Doktorgrad der Berliner Universität erlangt hat, dem öffentlichen Urteil. Er hat sich bemüht, die Litteratur der Frage, welche er zum Gegenstande seiner Untersuchung gemacht hat, möglichst erschöpfend zu behandeln, sowie die modernen Forschungen bezüglich der Natur der Obligation und ihres Inhalts für das specielle Gebiet fruchtbar zu machen. Möge die hierauf verwandte Sorgfalt gegenüber den Mängeln der Arbeit günstig ins Gewicht fallen.

Berlin, im Sommer 1888.

Inhalt.

Verzeichnis der Litteratur.

Die Schriftsteller sind entweder mit ihrem Namen allein oder mit diesem in Verbindung mit der in der zweiten Colonne beigefügten Chiffre citiert.

Arndts, Lehrbuch der Pandekten, 7. Aufl.	
Brinz, Lehrbuch der Pandekten	
II. Band 1. Aufl.	II (1).
II. Band 2. Aufl.	II (2).
Bechmann, der Kauf nach gemeinem Recht	I. II.
Bruns, in Holtzendorffs Encyclop., 4. Aufl.	
— kleine Schriften II. Bd.	so citiert.
Bekker, in seinen Jahrbüchern Bd. V u. VI.	V resp. VI.
Bernhöft, in Ihering Jahrbüchern XIV.	
Bolze, Archiv für civil. Praxis, Bd. LVII.	
Burchardi, über die Verantwortlichkeit des Schuldners für seine Gehilfen.	
Buchholtz, in Lindes Zeitschrift, n. F. Bd. VIII.	
Bruns, Fontes, 2. Ausgabe	Fontes.
Carlowa, das Rechtsgeschäft.	
Czyhlarz, zur Lehre von der Resolutivbedingung.	
Cohnfeldt, die Lehre vom Interesse.	
Dernburg, die Compensation, 2. Aufl.	Comp.
— Pandekten, I. II.	
— Preufsisches Privatrecht	Pr. Privatr.
Dankwardt, in Iherings Jahrb. XIII.	
Degenkolb, Platzrecht und Miete.	
Demelius, Lindes Zeitschrift, n. F. XVII.	
Erxleben, die condictiones sine causa, 2 Bde.	
Endemann, Handelsrecht, 3. Aufl.	
Eck, „Kauf“ in Holtzendorffs Rechtslex. II, 2. Aufl. . . .	‚Kauf‘ (2).
— - - - - II, 3. Aufl. . . .	(Kauf) (3).
— „Gattungskauf“ - - - - . . .	Gattungskauf
Fitting, in Goldschmidts Zeitschr., Bd. 2.	
Förster, Preufsisches Privatrecht, 4. Aufl.	
Gruchot, Goldschmidts Zeitschr., Bd. 3.	
Goldschmidt, ibid. Bd. I.	
— Handbuch, I. Bd., 2. Abt.	HB I.
Goose, Jahrb. für Dogm., Bd. IX.	
Gareis, das Kaufgeschäft in Endemanns Handbuch, II. Bd. 540 ff.	

Göschen, Vorles. über das gem. Civilr., Bd. 2.	
Hofmann, Über das periculum bei Kauf.	
Hartmann, die Obligation (1875).	
Holzschuher, Theorie und Casuistik, 3. Aufl., Bd. III.	
Hanansek, die Haftung des Verkäufers (Berlin 1883) 1. Abt.	
Ihering, in seinen Jahrbüchern, Bd. III	III.
— - - - - IV	IV.
— - - - - X	X.
— - - - - XVI	XVI.
— , Geist des römischen Rechts, III. Band, 1. Abt., 3. Aufl.	Geist III.
Kohler, Iherings Jahrb., Bd. XVIII.	
Köppen, ibidem, Bd. XI.	
Keller, Jahrbuch des gem. Rechts, IV.	
— Pandekten	Pand.
Krüger, Archiv für civ. Pr., Bd. 63.	
Korn, Recht der Forderungen, Bd. III.	
Lenel, Jahrbücher für Dogm., XIX.	
Liebe, Die Stipulation.	
Leist, Mancipation und Eigentumstradition.	
Lippmann, Jahrbücher f. Dogm., Bd. VII.	
Mommsen, Beiträge zum Obligationenrecht, Bd. I u. III .	I resp. III.
— Erörterungen, Bd. I.	
Madai, Lehre von der mora.	
Martinius, der doppelte Verkauf (Dissertation, Halle 1877).	
Mühlenbruch, Pandekten, 2. Aufl.	
Puntschart, die fundamentalen Rechtsverhältnisse des römischen Privatrechts (Innsbruck 1885).	
Pernice, Labeo I, II.	
von der Pfordten, Abhandlungen.	
Regelsberger, Archiv für civ. Pr., Bd. 49	Arch. 49
— Krit. VJS., Bd. XIII.	Krit. XIII.
— Jahrb. für Dogm., XVI.	JB XVI.
Reatz, ZS. für Civilr. und Prozeſsr., n. F., XV.	
Siegel, das Versprechen als Verpflichtungsgrund.	
Schlesinger, die rechtliche Unzulässigkeit der Beschlagnahme des noch nicht verdienten Lohnes.	
Schlossmann, der Vertrag.	
Scheurl, Beiträge, Bd. II.	
Sintenis, das praktische gem. Civilrecht, 3. Aufl.	
Stintzing, Jahrbücher für Dogm., Bd. X.	
Savigny, Obligationenrecht, Bd. II.	
Schilling, Institutionen, Bd. III.	
Seuffert, Praktisches Pandektenrecht (3. Aufl.), Bd. II.	
Wächter, Archiv für civ. Praxis, Bd. XV.	
Wendt, Reurecht und Gebundenheit, Bd. II.	
Windscheid, Lehrbuch des Pandektenrechts (5. Aufl.).	
— Voraussetzung	Vorauss.
— Heidelb. Krit. ZS., Bd. II.	Krit.
Wolff, zur Lehre von der mora, Göttingen 1841.	
Wyss, Haftung für fremde culpa, Zürich 1867.	
Thon, Rechtsnorm und subj. Recht.	
Thöl, Handelsrecht, 6. Aufl., 1 Bd.	

Einleitung.

Der Untergang einer Sache, welche fähig ist, Objekt von Rechten und Verbindlichkeiten zu sein, übt notwendigerweise einen großen, zerstörenden Einfluß aus auf die Rechtsverhältnisse, welche diese Sache in irgend einer Weise zum Gegenstand hatten. Freilich geht die ökonomische Wirkung der juristischen nicht eben parallel. Man darf nicht vergessen, daß Untergang zuletzt doch nur eine solche körperliche Veränderung bedeutet, infolge derer die Sache als solche, wie sie bisher bestand, zu existieren aufhört, daß der Stoff ewig bleibt, und daß sein Wert möglicherweise hinter dem des untergangenen Objekts nicht weit zurücksteht. Wenn moderne Goldmünzen im Feuer schmelzen, so bleibt dem Eigentümer das Rohmetall ohne merkliche Verringerung; fühlbarer wird der Verlust, wenn eine seltene alte Münze von demselben Schicksal betroffen wird, und die Asche des niedergebrannten Hauses gewährt dem Besitzer noch weniger Trost. In jedem Falle aber scheidet der Mehrwert der Form über den Stoff, in letzterem Beispiel wie in vielen anderen der ganze wirtschaftliche Wert aus der Welt der Vermögenswerte aus, an seiner Stelle bleibt eine Lücke, und dieser Verlust muß notwendigerweise auf das Vermögen der einzelnen zurückfallen.

Ähnlich wirken gewisse andere Ereignisse, die zwar Substanz und Form unberührt lassen, trotzdem aber für den Vermögenkreis, dem die Sache bis dahin angehörte, von derselben Tragweite sind, wie totaler Untergang, da auch sie den unwiderbringlichen Verlust derselben zur Folge haben. Dahin gehören Raub, Diebstahl, Wegnahme durch die Feinde, Konfiskation, Verlieren.

Der hierdurch hervorgerufene Vermögensschade kann allgemein mit dem Ausdruck periculum bezeichnet werden, denn letzteres bedeutet: „die wirtschaftliche Gefahr in Bezug auf das Vermögen einer bestimmten Person“.[1]) Die Frage, auf wessen Vermögen dieser Schade schließlich

[1]) Hofmann S. 3.

haften bleibt, wessen Vermögen die Lücke aufzuweisen hat, ist die Frage nach dem Tragen der Gefahr im weitesten Sinne gefafst.

Naturgemäfs leidet zuerst darunter der Eigentümer, mit ihm der dinglich Berechtigte. Aber nicht er allein trägt deshalb notwendigerweise das periculum rei. Es kann ihm gegenüber jemand kontraktlich verpflichtet sein, die untergegangene Sache zu ersetzen, und gerade dieser Schutz gegen Naturereignisse hat in unserer Zeit durch das Versicherungswesen eine feste Organisation und eine segensreiche Verbreitung gewonnen. Ferner kann durch Rechtsnorm eine Abwälzung des Schadens von dem zunächst Betroffenen bewirkt werden. Es geschieht dies vor allem durch die Grundsätze vom Schadensersatz infolge von vertretbarer Schuld oder Vergehen. Es geschieht dies aber ferner auch infolge obligatorischer Rechtsverhältnisse, in deren nexus sich die Sache befindet.

Bei einseitigen auf Uebergabe gerichteten Obligationen verschiebt sich der Verlust normalerweise auf das Vermögen des Forderungsberechtigten, natürlich insoweit es sich um nicht vertretbare Zufälle handelt. Der Verpflichtete wird einerseits nach Recht und Billigkeit von seiner Verbindlichkeit durch den Zufall befreit, andererseits hat er ja auch kein Interesse daran, ob eine Sache, die er doch wegzugeben gehalten war, noch existiert oder nicht.

Minder einfacher Natur jedoch sind die legislatorischen Erwägungen bezüglich der synallagmatischen Schuldverhältnisse. Hier mufs die ganze Frage nach dem Tragen der Gefahr anders gestellt werden. Denn in einem derartigen Rechtsverhälnis herrscht zwischen Leistung und Gegenleistung ein notwendiges wirtschaftliches Gleichungsverhältnis, welches zwar nicht immer dem wahren Verhältnis entspricht, aber doch ebenso streng ist wie dieses, da es von den Parteien gewollt ist. Ist nun aber jede Leistung das ökonomische Aequivalent der anderen, so wird, wenn die Leistung des einen Kontrahenten durch casus wegfällt, dieser nur dann die Gefahr tragen, wenn er zugleich das Recht auf die Gegenleistung, welche seinen Verlust ersetzen würde, verliert. Die Gefahr würde hingegen auf den anderen Kontrahenten übergehen, wenn dieser seinerseits, trotzdem er die Gegenleistung nicht erhält, leisten mufs. [1])

Die Darstellung der Principien, welche das gemeine Recht bei Entscheidung dieser Fragen geleitet haben, soll der Gegenstand der nachfolgenden Abhandlung sein.

---

[1]) Wächter Archiv S. 102 ff. 112, 113, Wolff 134, Fuchs 111, Vangerow § 591 I, Mommsen I 240, Brinz II (2) S. 316.

Erster Teil.

A. Gebiet der Untersuchung. Die Unmöglichkeit der Erfüllung im allgemeinen.

§ 1. Die Abhandlung soll sich auf die Fälle der nachfolgenden zufälligen Unmöglichkeit bei zweiseitigen Obligationen beschränken. Sie soll aber auch alle diese Fälle umfassen und deshalb über den Rahmen einer Lehre vom casus hinausgehen. Denn casus bezeichnet nur die von aufsen herantretenden Zufälle. (Mommsen I, 241 ff.) Andererseits kann sie wiederum nicht alle Fälle erschöpfen, in denen die Quellen vom periculum sprechen, da dieser Ausdruck, wie Mommsen (237 ff.) überzeugend nachgewiesen hat, flüssig ist und in unbestimmtem Sinn für jedes mit einem Schaden verbundene Ereignis, culpa oder casus gebraucht wird.

Was die Frage betrifft, inwieweit überhaupt nachfolgende Unmöglichkeit als wahre Unmöglichkeit, d. h. als Befreiungsgrund für den Schuldner gilt, so soll hier die im übrigen herrschende Meinung vertreten werden, dafs sich in dieser Hinsicht objektive und subjektive Unmöglichkeit gleichstehen.[1]) Objektive aber nennen wir mit Mommsen (I, 5) diejenige Unmöglichkeit, die ihren Grund in dem Gegenstand der Obligation, subjektive, die denselben in dem Verhältnis der Parteien zu diesem Gegenstand oder in ihren persönlichen Verhältnissen hat.[2]) Als vollkommen erwiesen mufs jene Gleichstellung für bonae fidei Obligationen auf Sachleistung gelten. Es sprechen hierfür die von Mommsen (I 29 Anm. 7) citierten Stellen,[3]) welche bei Fällen subjektiver Unmöglichkeit wie Raub, Flucht, Diebstahl, Wegnahme durch die Feinde die Frage, inwieweit der Schuldner trotzdem zu haften habe, einzig und allein davon abhängig machen, ob er kulpos gehandelt hat oder nicht. Ferner die Ausdrücke: res furto perit l 35 § 4 D 18, 1 l 14

[1]) Windscheid II § 264.

[2]) Brinz II (2) § 278.

[3]) l 5 § 2 D 12, 4 l 8 § 10 D 17, 1 l 35 § 4 D 18, 1 l 1 § 4 D 44, 7 l 53 § 9 D 30 l 91 § 1 D 45, 1.

§ 1 D 18, 6 l 14 § 10 D 47, 2 l 53 § 3 D eod. l 52 § 3 D 17, 2 l 9 D 50, 16 l 6 C 4,24. Endlich die Gleichstellung von incendium und fuga servorum in l 23 D 50, 17; vergl. l 3 § 1 D 4, 9 l 18 pr D 13, 6 l 1 § 4 D 44, 7 l 91 § 1 D 45, 1. Diese Argumente haben Mommsen zur Aufstellung der allgemeinen Regel geführt, daſs „der Schuldner von der Verpflichtung zur Leistung befreit ist, insoweit dieselbe ohne ein von ihm zu vertretendes Verschulden unmöglich geworden ist“. Brinz (II (2) 323) bestreitet diese Regel, einerseits für diejenigen Fälle, die er allein als subjektive Unmöglichkeit bezeichnet, in denen die Unmöglichkeit nämlich in den persönlichen Verhältnissen des Obligierten ihren Grund hat. Freilich gesteht er selbst ein, daſs ein Beweis für diese Behauptung fehle; ferner aber behauptet er, relative Unmöglichkeit sei bei stricti iuris Obligationen kein Befreiungsgrund, da l 47 § 2—4 D 30 nur von solchen Fällen relativer Unmöglichkeit spreche, welche der absoluten gleichstehe, und endlich soll arg. l 33 D 19, 2 auch bei b. f. Obligationen „die Gefahr soviel als möglich von dem Gläubiger abgewälzt werden“. Bei letzterer Behauptung aber nimmt Brinz doch offenbar stillschweigend diejenigen Fälle aus, welche wie furtum, rapina etc. der objektiven Unmöglichkeit gleichstehen; denn daſs in diesen der Gläubiger die Gefahr trage, könnte er ohne offenen Widerspruch mit den citierten Quellenstellen nicht leugnen. Aber die in diesen Stellen ausgesprochene Gleichstellung jener Fälle muſs, da sie ohne Beschränkung und ohne Hinweis auf einen Ausnahmecharakter derselben geschieht, auf alle Fälle subjektiver Unmöglichkeit ohne Unterschied bezogen werden; mit Sicherheit bei den b. f. indiciis und dem Damnationslegat; ob freilich auch für die Stipulation und die übrigen stricti iuris Obligationen bleibt dahingestellt.[1])

Der Verlust der rechtlichen Disposition über die Sache steht bei Sachleistungen in b. f. indiciis der wahren Unmöglichkeit gleich. Es beweisen dies l 33 D 19, 2 l 13 § 17 D 19, 1 l 7 § 13 D 10, 3, welche Befreiung des Schuldners bei Verlust des Eigentums an der Sache lehren.

Dieselben Regeln finden Anwendung bei Leistungen, welche in einem Thun bestehen. (Mommsen 52 ff.)

Daſs auch die Unmöglichkeit der Annahme seitens des Gläubigers als Befreiungsgrund gilt, hat Mommsen (90 f.) auszuführen gesucht. Dieser Ansicht kann nur unter gewissen Beschränkungen beigetreten werden.

Rein faktische Hindernisse begründen eine wahre Unmöglichkeit, auch nach Mommsen deshalb selten, weil solche Hindernisse meist nur vorübergehender Natur sind.

Dies muſs Mommsen gegenüber dahin ergänzt werden, daſs solche Hindernisse eine Unmöglichkeit nie begründen können; nach Mommsen

---

[1]) Mommsen I 32 dafür, obwohl zweifelnd.

könnten sie es allein in dem Falle, wo die Leistung des Schuldners an eine gewisse Zeit gebunden ist, und der Gläubiger sie während der Zeit nicht hat annehmen können. Aber hier kann der Gläubiger die Nachleistung nicht mehr beanspruchen, nicht weil sie nunmehr unmöglich geworden ist, sondern weil bei Leistungen, welche ihrer Natur nach an eine bestimmte Zeit geknüpft sind, nach Ablauf dieser Zeit eine Verpflichtung überhaupt nicht mehr besteht, insofern die Nichtleistung dem Schuldner nur nicht als Schuld zuzurechnen ist. Es folgt daraus, dafs, wenn der Gläubiger auf die Gegenleistung belangt wird, er sich niemals auf rein faktische in seiner Person liegende Hindernisse berufen kann. In zweiseitigen Rechtsverhältnissen wird das Recht auf die Gegenleistung ausgelöst durch das Anerbieten der Erfüllung, und der Gläubiger kann seinerseits nicht die Erfüllung verweigern, weil ihm die Mitwirkung bei der Leistung des Gegners unmöglich geworden ist.[1])

Denkbar sind aber die Fälle, in denen die schuldnerische Leistung deshalb unmöglich geworden ist, weil der Gläubiger die rechtliche Fähigkeit verliert, derartige Leistungen anzunehmen. Der Ausspruch der Quellen in derartigen Fällen berechtigt dazu, die Gleichstellung derselben mit der wahren Unmöglichkeit als Regel aufzustellen.[2])

Die zwei weiteren Fragen, inwieweit in einem kronkreten Fall wirklich Unmöglichkeit der Leistung vorliegt, und ob der Schuldner diese zu vertreten habe oder nicht, sind generell nicht zu beantworten. Die erstere, welche besonders bei Obligationen, die auf ein Thun gerichtet sind, in Betracht kommt, kann nur nach Lage der Sache entschieden werden. Bei der zweiten bilden die allgemeinen, für die culpa bei der betreffenden Obligation geltenden Regeln die Grundlage einer rein thatsächlichen Beurteilung, welche auch hier in ausgedehntestem Mafse Platz greifen mufs.[3])

B. Die Perfection obligatorischer Rechtsverhältnisse.

Wir sagen von einem Rechtsverhältnis, dafs es existiert dann, wenn die sämtlichen Momente seines Thatbestandes in die Wirklichkeit

---

[1]) Anders Mommsen (I, 94), der hier eine Unmöglichkeit annimmt und daher nur einen Anspruch auf das Interesse gewährt. Letzteres behauptet Windscheid (Krit. II 138) auch bezüglich der in rechtlichen Verhältnissen des Gläubigers begründeten Nichtannahme der Leistung und Mommsen (III 423) hat sich hierdurch an seiner ganzen Unterscheidung irre machen lassen.

[2]) Die einzelnen Fälle bei Mommsen I 96.

[3]) Mommsen I, 233. Dernburg, Pand. I, 178. Hartmann 249.

getreten sind. Ein Frage des positiven Rechts ist es nun, ob zur Existenz und Wirksamkeit des Rechtsverhältnisses die gleichzeitige Entstehung aller seiner Erfordernisse verlangt oder eine successive Entwickelung für zulässig erachtet wird. Der erste Grundsatz, den man als den der Concentration des Rechtsverhältnisses charakterisiert hat (Ihering, Geist III 149), mag einer früheren Entwicklungsstufe des Rechts und so auch des römischen Rechts entsprochen haben. Ein entwickelter Verkehr jedoch kennt das Bedürfnis, Zustände der Bindung schon zu schaffen, bevor die eigentliche Wirkung des Rechtsverhältnisses eintritt.[1])

Bei Rechtsverhältnissen, welche auf Verträgen beruhen, ist es vor Allem klar, dafs, damit das Rechtsverhältnis seine Existenz beginnen könne, zuerst das Rechtsgeschäft die seine vollendet haben mufs.[2]) Deshalb gehören hierher nicht diejenigen Fälle, in denen das Rechtsgeschäft selbst noch in der Entwickelung begriffen ist: eine solche liegt aber dann vor, wenn entweder die erforderlichen Willenserklärungen successive abgegeben oder die Bedingungen ihrer Giltigkeit in anderer Weise nachgeholt werden können.[3]) Hierher gehören u. a. die Offerte, der Vertrag unter Abwesenden, Pupillenverpflichtungen und Veräufserungen Minorenner ohne consensus oder autoritas, mangelnde Genehmigung bei der negotiorum gestio, donatio i. v. e. u., Testament, Servitutbestellung durch einige von mehreren Miteigentümern. Sie alle sind insofern nicht ohne sofortige Wirkung, als der Fortbestand des Willens dann angenommen wird, wenn derselbe nicht vor Hinzukommen des konfirmirenden Momentes zurückgenommen ist. Andererseits entbehren sie der obligatorischen Wirkung deshalb, weil sie nicht nur einseitig revokabel sind, sondern auch durch Verlust der Willensfähigkeit ihre Wirkung verlieren.[4]) In dieser Beziehung machen freilich die negotiorum gestio und die Servitutbestellung eine Ausnahme, aber beide aus gutem Grunde: denn der verpflichtende Vertrag, der hier bezüglich des Willens der Kontrahenten selbst ohne Fehl ist, soll wenigstens diese an dem einseitigen Widerruf seiner Wirkungen hindern.[5])

---

[1]) Wir setzen hier und in dem folgenden die strenge Scheidung zwischen dem obligatorischen Rechtsverhältnis und dem Vertrage, d. h. dem Errichtungsakt und dem durch diesen geschaffenen Zustande voraus. Vgl. Köppen 162. 163 und Puntschart.

[2]) Köppen 163.

[3]) So wie das folgende Köppen 144 ff., während Ihering (X) die Fälle nicht unterscheidet.

[4]) Köppen 151 arg. l 18 C 5, 16 l 32 § 6 D 24, 1. Beide Stellen freilich sind zweifelhaft.

[5]) Dafs übrigens bei der Servitutbestellung Tod oder Veräufserung des einen das Geschäft vernichtet, lehrt Paulus in l 18 D 8, 4 — nach Ihering (X 467) gegen die Rechtskonsequenz.

Während die eben besprochenen Fälle sämtlich Ausnahmen von dem Grundsatz: quod ab initio vitiosum est, non potest tractu temporis convalescere in Beziehung auf das Rechtsgeschäft darstellen, giebt es derartige Ausnahmen nicht für das Rechtsverhältnis selbst. Hat die auf die unmittelbare Entstehung eines solchen gerichtete Parteiabsicht ihren giltigen Ausdruck gefunden, und liegt der Grund, warum sich nicht sofort das betreffende Rechtsverhältnis daran anschliefst, einzig und allein in dem Mangel eines seiner sonstigen Erfordernisse, dann kann der Mangel durch nachträgliches Eintreten dieses Erfordernisses nicht mehr nachgeholt werden. Haben die Parteien eine sonst giltige und unbedingte Stipulation über die eigene Sache des Stipulators abgeschlossen, und wird diese Sache auch ohne vorherigen Widerruf der Stipulation eine fremde, so entsteht darum doch kein giltiges Stipulationsverhältnis mehr.[1]) Denn ein solches kann nie bestehen in Bezug auf eine res quae stipulatoris est, und ist dies vitium einmal vorhanden in dem Moment, wo die Stipulation eigentlich entstehen soll, so wirkt es peremtorisch in alle Zukunft fort.

Damit bleibt die Möglichkeit successiver Entstehung der Rechtsverhältnisse auf die Fälle beschränkt, wo der Aufschub der Erfüllung durch den Parteiwillen selbst bewirkt ist, d. h. auf die bedingten Rechtsverhältnisse.[2]) — Von den mannigfachen Versuchen, das Wesen dieser zu konstruieren, sind von vorneherein alle diejenigen auszuscheiden, welche das Unfertige, das denselben unzweifelhaft anhaftet, in den Willen selbst verlegen.[3]) Dieselben kommen sämtlich, sobald man sie in ihre letzten Konsequenzen verfolgt, auf das logische Unding eines Willens, der das Wollen selbst abhängig macht, hinaus[4]) und führen dadurch notwendig zur Annahme zweier Willen. Vielmehr ist davon auszugehen, dafs der Wille selbst auch im bedingten Vertrage ein „völlig entschiedener und fester“[5]) ist, und der bedingte Vertrag ohne Unterschied von jedem anderen Vertrage zum vollen Abschlufs gelangt, sobald die Rechtsbestimmungen desselben ihre endgiltige Festsetzung erhalten haben.[6]) Mehr wie alles andere ist hierfür beweisend der Umstand, dafs die Erfordernisse des Vertragswillens nur im Moment des Abschlusses vorhanden zu sein brauchen, und dafs ihr spätererer Wegfall auch vor Eintritt der Bedingung der Giltigkeit desselben keinen Abbruch thut.[7]) Die sofortige verbindliche

---

[1]) Vergl. für das Legat § 10 J 2, 20.

[2]) Köppen rechnet hierzu auch die betagten Rechtsverhältnisse — wie nachgewiesen werden soll, mit Unrecht.

[3]) Arndts § 66 und die bei Windscheid I § 86 cit. Dagegen Ennecerus 177.

[4]) Windscheid l. c. Dernburg Pd. I 241. Carlowa 77.

[5]) Scheurl II, 79.

[6]) Puntschart 101.

[7]) Windscheid § 83 Anm. 7a. Carlowa 87.

Kraft äufsert sich ferner in solchen obligatorischen Wirkungen, welche ohne dieselbe gar nicht erklärt werden könnten: bindend ist der Vertrag insofern, als er nicht einseitig widerrufen werden kann; bindend ist er hauptsächlich darin, dafs die Parteien weder die Erfüllung der Bedingung vereiteln noch überhaupt in irgend einer Weise den Zweck des beabsichtigten Rechtsverhältnisses beeinträchtigen können.[1]) Das, was von der Bedingung abhängig gemacht und daher ungewifs ist, kann also nicht der Vertrag selbst sein: vielmehr ist es nur die Wirkung des Vertrages,[2]) d. h. die volle Entstehung des Rechtsverhältnisses. Dieses wird nicht wie sonst sofort und unmittelbar gesetzt, sondern nur für den Fall eines künftigen ungewissen Ereignisses; aber auch dies wiederum nicht so, dafs es erst mit diesem Ereignis entstehe. Wir sahen oben, dafs bestimmte obligatorische Wirkungen sich schon an den Vertrag knüpfen: obligatorische Wirkungen aber sind nur denkbar als Funktionen eines Rechtsverhältnisses, nicht des Vertrages als solchen. Entstehen also solche Wirkungen schon vor Eintritt der Bedingung, so folgt daraus, dafs auch das Rechtsverhältnis schon vorher eine gewisse Existenz hat;[3]) es wirkt eben, insoweit es nach Absicht der Parteien wirken soll und zwar als ein vom Moment des Vertrages an im Werden begriffenes,[4]) als ein „mit Vorbehalt demnächstiger Vervollständigung des Thatbestandes gesetztes“.[5]) Es existiert, so wie man auch vom nasciturus sagen kann, dafs er existiert, und es äufsert seinen Selbsterhaltungstrieb durch das gesetzliche Verbot störender Eingriffe in seinen Entwickelungsgang.[6]) Auch ist das Verhältnis schon während der Pendenz fähig, für den Fall des Abschlusses seiner Entwickelung durch Pfandrecht, Bürgschaft und Kautionen gesichert zu werden und so unvollendet, wie es ist, auf die Universal- und Singularsuccessoren überzugehen. Seine Entstehung im Moment des Vertrages beweist es ferner dadurch, dafs es auch nur für den entstehen kann, für den es seiner Zeit begründet wurde: arg. l 78 pr D 45, 1 l 40 D 45, 3 l 18 D 50, 17.

Mit Unrecht sieht Carlowa in diesen Stellen den Beweis der Rückziehung der erfüllten Bedingung. Dieselben beweisen vielmehr nichts anderes, als dafs ein Rechtsverhältnis, welches zur Zeit seiner Begründung, d. h. des Vertrages, zu Gunsten einer bestimmten Person als seines Subjektes entstanden ist, seine Entwickelung auch nur zu Gunsten dieser Person abschliefsen kann. Dasselbe lehrt für die

---

[1]) Puntschart 98. Carlowa 6. 17. Scheurl 123. Anders Ihering X 461.
[2]) Windscheid § 86. Scheurl 76. Dernburg I, 240.
[3]) Deshalb ist die bedingte Obligation nach l 5 D 20, 1 eine preasens, nicht eine futura obligatio.
[4]) Ihering X 459, Geist III 168.
[5]) Ihering X 460.
[6]) Ihering Geist l. c.

Schuldnerseite l 27 D 17, 2: Tritt die Bedingung einer Gesellschaftsschuld erst nach Auflösung der Gesellschaft ein, so haftet trotzdem das Gesellschaftsvermögen, da das Schuldverhältnis ursprünglich zu Lasten dieses Vermögens entstanden ist.

Ebenso lassen sich alle anderen Wirkungen der sog. rückwirkenden Kraft der erfüllten Bedingung darauf zurückführen, dafs das Rechtsverhältnis seine Existenz sogleich im Moment des Vertrages beginnt.[1]) Auch die Zurückziehung der Priorität des für eine bedingte Forderung bestellten Pfandrechtes nach l 11 § 1 D 20, 4 besagt ja nichts anderes: das Pfandrecht ist nicht nur für die principale Forderung bestellt, sondern es knüpft sich an das Rechtsverhältnis in seiner Totalität und es beginnt daher naturgemäfs seine Existenz mit dem Augenblick, wo auch die des letzteren anhebt. Seinen engen Zusammenhang mit dem Rechtsverhältnis als solchem, nicht mit der Forderung, beweist es auch dadurch, dafs es ebenso wie die Bürgschaft ungeachtet aller Veränderungen des Forderungsrechtes fortbesteht: l 8 § 5 D 13, 7. l 56 § 2 D 46, 1[2]): es haftet, wie die zuletzt citierte Stelle treffend von der Bürgschaft bemerkt in omnem causam quae ex ea (numeratione) nasci potesti. In demselben Sinne sind diejenigen Stellen aufzufassen, welche wie l 8 pr D 18, 6 l 16 D 46, 3 l 8 D 12, 1 von der Obligation nach Eintritt der Bedingung als von einer gleichsam schon früher entstandenen (resp. aufgehobenen) sprechen.

Dagegen ist voller Beweis gegen die Rückziehung im strengen Sinne darin zu finden, dafs die Früchte der Zwischenzeit dem Verkäufer bleiben l 8 pr D 18, 6: und vor allem darin, dafs die Erfordernisse des Rechtsverhältnisses im Gegensatz zu denen des Vertragswillens nur im Moment der Erfüllung der Bedingung, also des Abschlusses der Entwickelung des Rechtsverhältnisses vorhanden zu sein brauchen, aber auch unbedingt in diesem Augenblick vorhanden sein müssen.[3]) Es sind dies die Rechtsfähigkeit der Parteien l 14 § 1 D 46, 2 und die Möglichkeit des Inhaltes: in letzterer Beziehung besonders die Existenz der geschuldeten Sache l 8 pr D 18, 6 l 10 § 5 D 23, 3 und das Erfordernis der fremden Gehörigkeit bei der Stipulation ll 31. 98 D 45, 1 l 4 D 34, 7.

Im übrigen ist gerade dieser zuletzt erwähnte Grundsatz noch in doppelter Weise interessant. Einmal tritt nirgends mehr als hier das Verhältnis zwischen Rechtsgeschäft und Rechtsverhältnis mit unwiderleglicher Klarheit hervor. Und ferner wird in diesen Fällen der Grundsatz der successiven Entstehung des Rechtsverhältnisses auch in anderer Weise praktisch, als in dem bisher Gesagten. Der Grund zu

---

[1]) Ihering Geist III, 168 — nur, dafs er immer von einem Entwickelungprozefs des Rechtes spricht.

[2]) Windscheid II § 226. § 477 Anm. 26.

[3]) Carlowa 87. Windscheid I § 91 Anm. 1.

einer successiven Entstehung kann nur gelegt werden durch den bedingenden Vertrag; innerhalb dieses Rahmens aber äussert das Rechtsverhältnis seine Entwickelungsfähigkeit noch dadurch, dafs es für das Nachholen anderer objektiver Erfordernisse seiner Giltigkeit Raum läfst.

Die Erfüllung der Bedingung bildet das letzte Moment seines Thatbestandes.[1]) Der Eintritt resp. die Deficienz derselben entscheidet darüber, ob das Rechtsverhältnis je zur vollkommenen Existenz gelangen soll oder nicht, und ob daher die Wirkungen seines embryonalen Zustandes zur Zeit der Tendenz reale Bedeutung haben oder gänzlich illusorisch und hinfällig werden. Insofern — aber auch nur insofern, kann man mit Brinz (II (2) 1443) und Carlowa (79 f.) sagen: die Erfüllung der Bedingung entscheide nicht, dafs das Geschäft sein werde, sondern, dafs es ist.

§ 3. Ist die Bedingung einmal erfüllt, dann ist das Rechtsverhältnis zur vollen Existenz gelangt und es äufsert seine Existenz durch das Hervorbringen seiner bestimmungsmäfsigen Wirkung. Diese Wirkung besteht in der Erzeugung der principalen, von den Parteien beabsichtigten subjektiven Rechte, deren Verwirklichung seinen letzten Grund und Zweck bildet. Beim bedingten Kauf ist mit Eintritt der Bedingung das Rechtsverhältnis der emtio venditio vollständig zur Existenz gelangt und zwar sowohl beim Specieskauf als beim Genuskauf[2]) und beim Kauf mit Quantitätspreis. Denn die Existenz des Rechtsverhältnisses besteht in der Erzeugung des Rechts auf Übergabe, resp. auf Preiszahlung und mit diesen der actiones emti et venditi: und diese sind erzeugt mit dem Augenblick des Eintritts der Bedingung. Denkbar wäre ja auch ein Rechtssystem, welches aus dem Genuskauf zuerst das Recht auf Ausscheidung und dann erst dasjenige auf Tradition entstehen liefse: das Kaufverhältnis würde alsdann ähnlich wie bei der Bedingung ein Vorstadium der Entwickelung durchlaufen müssen, ehe es zur vollkommenen Existenz gelangte. Das gemeine Recht läfst aber die actiones emti et venditi, also das Käufer- und Verkäuferrecht direkt und ohne jede Vermittelung auch aus dem generischen Kauf hervorgehen. Trotzdem aber hat es zwischen den beiden Gruppen von Fällen einen feinfühligen Unterschied gemacht und damit die Möglichkeit einer Weiterentwickelung auch des schon existent gewordenen Rechtsverhältnisses anerkannt.

Die hierzu notwendige Untersuchung wird an Exaktheit gewinnen, wenn sie sich vorläufig auf das eine Rechtsverhältnis des Kaufs beschränkt.

Man kann das abstrakte Schema eines jedes Rechtsverhältnisses

---

[1]) Dernburg Pd. I 253.

[2]) Puntschart (248) freilich lehrt, dafs zur Entstehung des subjektiven Rechts die Bestimmheit seines Objekts, d. h. also Ausscheidung beim Genuskauf erforderlich ist. S. 1 1 § 3, 4 D 18, 6.

und so auch des Kaufs mit einem leeren Rahmen vergleichen, der, sobald er mit konkretem Inhalt ausgefüllt wird, seine specifischen Wirkungen, d. h. das Recht auf die Sache und auf den Preis erzeugt.[1]) Nun geht aus dem eben Gesagten hervor, dafs das Rechtsverhältnis des Kaufs ins Leben tritt, d. h. seine Wirkungen erzeugt, auch wenn unter gegebenen Verhältnissen sein abstraktes Schema nicht in jedem Teile mit konkretem Inhalt ausgefüllt ist. Die emtio venditio entsteht, sobald die Parteien rechtsgiltig über Ware und Preis einig sind: nicht erforderlich ist hierzu die sofortige Individualisierung weder des einen noch der anderen: es genügt die generische oder alternative Bestimmung der Ware und die blofse Bestimmbarkeit des Preises zur Existenz und Wirksamkeit des Kaufrechtsverhältnisses. Ist aber hiernach je nach der verschiedenen Verklauselierung des zu Grunde liegenden Vertrages das abstrakte Bild des Kaufgeschäftes im einzelnen Fall einer grofsen Verschiedenheit fähig, so reducieren sich diese sämtlichen verschiedenen Gestaltungen auf das eine und unverrückbar gleiche Schema in dem Moment, welcher der beiderseitigen Erfüllung vorhergeht. Die Erfüllung kann sich naturgemäfs nur auf einen realen, absolut konkreten Inhalt beziehen, und dies Stadium der unmittelbaren Erfüllbarkeit des Kaufs giebt immer das Bild des einfachen Austauschverhältnisses einer bestimmten Sache gegen eine bestimmte Summe Geldes. Wie nun jede Concentration gleich bedeutend ist mit einer Steigerung der Kraft, so kann man auch vom subjektiven Recht sagen, dafs es vollwirksamer werde, sobald es sich auf einen konkreten Inhalt concentriert. Beim Kauf ist die endgiltige Parteiabsicht schliefslich doch immer gerichtet auf eine individuelle Sache und auf einen quantitativ fest bestimmten Preis: auf letzteren jedoch nur als auf eine bestimmte Geldsumme, nicht auf einzelne Geldstücke, denn diese kommen rechtlich gar nicht in Betracht; eine Individualisierung auch der Geldmünzen würde das Verhältnis vielmehr zu einem Tauschgeschäft machen.

Dieser Augenblick der Concentration des Rechtsverhältnisses und damit des subjektiven Rechtes auf den ihrer Natur nach bestimmtesten Inhalt mufs als der Höhepunkt ihrer Entwickelung betrachtet werden.

Diese oberste Entwickelungsstufe des Rechtsverhältnisses wird in unseren Quellen als der Moment der Perfection desselben bezeichnet. Dafs perficere an sich „vollenden“ heifst, hat Puntschart (48 ff.) durch die von ihm allegierten Beläge zur Genüge dargethan. In dem hier gebrauchten Sinne wird der Ausdruck zwar nirgends definiert, jedoch

---

[1]) Dafs dieses Bild eines leeren, sich allmälig mit konkretem Inhalt füllenden Rahmens auch den Quellen geläufig ist, beweisen die von Puntschart 84 ff. citierten Stellen, welche für die Entwickelung des Rechtsverhältnisses den Ausdruck impleri und ähnliche gebrauchen.

werden die Erfordernisse der Perfection mit solcher Genauigkeit angegeben, daſs die Construction des Begriffes sich wie von selbst ergiebt.

Paulus l 8 pr D 18, 6.

Necessario sciendum est quando perfecta sit emtio: Tunc enim sciemus cuius periculum sit: nam perfecta emtione periculum ad emptorem respiciet. Et si id quod venierit appareat quid quale quantum sit et pretium et pure venit perfecta est emtio.[1])

1) Die erste Voraussetzung des oben festgestellten Begriffes ist die Existenz des Rechtsverhältnisses in dem oben angenommenen Sinne, d. h. die Erfüllung der Bedingung. Deshalb sagt l 8 pr: der Kauf muſs pure abgeschlossen sein; denn die Bedingung stellt die Existenz des Rechtsverhältnisses selbst in Frage. Ein anderes Erfordernis nach dieser Richtung wird von der sich doch offenbar der Vollständigkeit in der Aufzählung befleiſsigenden Stelle nicht erwähnt: als solches kann namentlich nicht der Eintritt des dies angesehen werden.

Damit berühren wir die Controverse, ob die Befristung die volle Existenz des Rechtsverhältnisses aufschiebt oder nicht: eine Frage, welche auch bei der hier vertretenen Anschauungsweise in der Form gestellt werden kann: Ist das befristete Recht sogleich verhanden und nur seine Ausübung aufgeschoben oder ist das Recht selbst aufgeschoben?

Wird ein dingliches Recht befristet übertragen, so kann dies im Zweifel nicht gut anders aufgefaſst werden, als daſs das Recht selbst erst mit dem dies entstehen soll; wer mir eine Sache tradiert mit den Worten: Eigentümer derselben sollst du erst am 1. folgenden Monats sein, der will mir das Eigentum erst an diesem Tage, nicht sofort übertragen.[2]) Dasselbe entsteht erst mit dem Eintritt des dies und zwar ersetzt in diesem Augenblick die stillschweigende Erklärung, daſs mir der Besitz belassen bleiben solle, eine erneute Tradition; dasselbe ist bei anderen dinglichen Rechten der Fall.[3])

Von den Quellenstellen beweisen dies zwar nicht die von Brinz citierten l 7 § 3 und l 9 § 1 D 23, 3, da diese beiden nicht vom dies, sondern von der conditio nuptiarum handeln; wohl aber l 9 § 2 D 7, 9. Ll 12 § 2 D 20, 4 l 17 § 1 D 20, 1 und l 4 pr D 8, 1, welche für das Pfandrecht nach Dernburg (l. c.) das Gegenteil lehren sollen, sind deshalb hierfür kein Beweis, weil in den beiden ersten Stellen das Pfandrecht nicht selbst befristet, sondern nur für eine befristete Forderung bestellt ist; die letztere hingegen, von dem Grundsatze ausgehend, daſs die Servitutenbestellung keine Befristung leidet, eine

---

[1]) Puntschart (215) emendiert ebenso wie Regelsberger Arch. 188 [quamtum sit] et pretium. Jedenfalls ist der Sinn auch ohne dies unzweifelhaft.

[2]) Windscheid I S. 278; mit Beschränkung auf das Eigentum Dernburg Pd. I, 261.

[3]) Carlowa 110. Brinz II (1) 1518. Sintenis I, 179.

solche nur als exceptio pacti wirken läfst: ein pactum aber kann natürlich nur die Ausübung, nicht die Existenz eines dinglichen Rechts aufschieben.

Dies Fragment ist übrigens der Beweis dafür, dafs vertragsmäfsig auch blos die Ausübung des dinglichen Rechts aufgeschoben werden kann. Denkbar ist sehr wohl eine Eigentumsübertragung durch Constitutum possessorium mit vertragsmäfsigem Ausschlufs der vindicatio für eine gewisse Zeit.

Anders aber steht es mit der befristeten Konstituierung persönlicher Rechte. Wenn ich ein Darlehn gebe mit der Abrede der Rückgabe am so und so vielten, dann bin ich sogleich Darlehnsgläubiger, ich habe sogleich das Recht, die Summe zurückzufordern, wenn auch erst an dem betr. Tage zurückzufordern. Auch bei dinglichen Rechten ist ja mein persönlicher Anspruch auf die Übertragung des dinglichen Rechtes ein sogleich vorhandener; das dingliche Recht selbst aber entsteht erst mit dem dies. Ein solcher Unterschied besteht für obligatorische Rechte überhaupt nicht, vielmehr ist hier das Gläubigerrecht sofort existent, und nur seine Ausübung erleidet eine Hemmung. Eine Abrede, welche bei Abschlufs des Kaufvertrages das Käufer- und Verkäuferrecht selbst aufschöbe, wäre undenkbar; es wäre dann kein Kauf, sondern ein besonders gearteter Vorvertrag.[1]) Das obligatorische Recht ist ein reines Vermögensrecht, und das Vermögensrecht als solches ist eben vor und nach Eintritt der Befristung dasselbe; die befristete Forderung bildet für den Gläubiger ein absolut sicheres und genau zu berechnendes Vermögensobjekt. Das dingliche Recht geht aber in dem Vermögensrechte nicht auf, und die Wirkungen, die es darüber hinaus hat, knüpfen sich erst an seine Entstehung bei Eintritt der Befristung.[2])

Es kann auch Brinz (II (2) 37 f.) nicht zugegeben werden, dafs die obligatio zwar sogleich vorhanden, die Schuld aber erst an den dies geknüpft ist. Denn die wirkliche Vermögensverringerung ist freilich erst da mit der realen Leistung, das ideelle Passivum jedoch ist auch vor dem dies dasselbe.[3])

Übereinstimmend mit der hier vertretenen Anschauung sind diejenigen Quellenstellen, welche ausdrücklich sagen, die obligatio sei sogleich vorhanden, nur die Klagbarkeit sei aufgeschoben. Es sind dies

---

[1]) Sintenis I, 179 Anm. 14.

[2]) Im Resultat vgl. Puntschart 217, Carlowa 46, Ihering Geist III, 168, Scheurl II, 32 f. Letzterer formuliert den Unterschied ähnlich wie hier: Bei dinglichen Rechten hat das Rechtsverhältnis keinen weiteren Zweck, als den seines eigenen Daseins und deshalb bezieht sich der Aufschubswille nur auf das Dasein des Rechtsverhältnisses, bei obligatorischen Rechtsverhältnissen aber liegt der Zweck in der solutio.

[3]) Etwas anders Brinz in der 1. Aufl. II, 1524.

§ 2 J. 3, 15 l 46 pr D 45, 1 17 pr D 16, 2 l 9 D 36, 3 l 213 D 50, 16 (Scheurl 35 f.). Dem widersprechen jene anderen Stellen deshalb nicht, weil sie an jenen Unterschied gar nicht denken und deshalb in laxer Ausdrucksweise obligatio hier im Sinne des unmittelbar klagbaren Forderungsrechtes nehmen. l 41 § 1 D 45, 1 G III 124 l 76 § 1 D 45, 1 l 89 eod. l 46 D 31 l 9 pr D 20, 4 l 24 D 50, 17 l 44 § 1 D 44, 7 (Scheurl 36).

Eintritt des dies kann also nicht Bedingung der Perfection eines obligatorischen Rechtsverhältnisses sein und wird deshalb als solche von der l 8 pr nicht erwähnt.

2) Das so entstandene Rechtsverhältnis wird nun perfekt im technischen Sinne, sowie es sich auf den seiner Natur nach möglichst individualisierten Inhalt concentriert hat: d. i. also erstens, wenn der Kaufgegenstand seiner ursprünglich rein generischen oder alternativen Bestimmtheit gegenüber auch der Individualität nach bestimmt wird; ferner wenn der Preis auf eine bestimmte Summe Geldes fixiert ist. Wird hingegen die Geldleistung auch bezüglich der einzelnen zu leistenden Stücke individualisiert, so geht das Rechtsverhältnis aus dem Rahmen des Kaufes in den des Tausches über.

Dies Erfordernis drückt l 8 pr wie folgt aus: et si id quod venierit appareat quid quale quantum sit et pretium. Damit sind die Erfordernisse der Perfection des Rechtsverhältnisses festgestellt.[1])

Es ist mit Recht betont worden, dafs der Begriff der Perfection in den Quellen nur auf den Kauf und auf die donatio beschränkt vorkommt. Der Grund hierfür ergiebt sich von selbst daraus, dafs dieser Begriff eigentlich nur für die Lehre von der Gefahr bei Verträgen und auch hier nur für die Entäufserungsverträge praktisch wird. Dennoch bleibt derselbe an und für sich auch auf die anderen Verträge anwendbar: er bezeichnet überall den Moment der Entwickelung des aus dem Vertrage entstehenden Rechtsverhältnisses, wo die principalen subjektiven Rechte den ihrer Natur nach möglichst bestimmten Inhalt erlangt haben. Dieser Inhalt ist entweder im voraus abstrakt normirt wie bei den benannten Rechtsverhältnissen oder wie bei den unbenannten im weiteren Sinne der Bestimmung durch den Parteiwillen überlassen.

---

[1]) Stitzing behauptet zwar (190) dafs auch ein nur generisch gestimmtes Objekt ein certum sei. Aber l 74 D 45, 1 spricht nur von stipulatio und condictio certi, also von einer Bestimmtheit in einem ganz anderen Sinne. Allerdings aber würde die ganze hier dargestellte Perfectionstheorie daran scheitern, wenn man das apparet quid quale quantum sit hier in demselben Sinne nimmt, wie in l 74 cit. Alsdann würde die Perfection des Kaufes nichts erfordern, als was schon Voraussetzung des Abschlusses ist, nämlich ein certum im Sinne der condictio certi. Man mufs aber davon ausgehen, dafs diese Stelle die Perfection gerade im Gegensatz zum Abschlufs feststellen will. Am klarsten geht aus l 35 § 5 D 18, 1 hervor, dafs der Genuskauf imperfekt ist.

Anmerkung: Die Ansichten über die Perfection betrachten im wesentlichen trotz vieler Unterschiede im einzelnen dieselbe entweder als eine Eigenschaft des mehr oder weniger fest abgeschlossenen Vertrages oder als einen für die Lehre vom periculum ad hoc konstruierten Begriff. Eine gute Zusammenstellung derselben findet sich bei Puntschart 41 ff., worauf hiermit verwiesen sei. Der hier entwickelten Anschauung kommt am nächsten diejenige von Bechmann (I 690), welcher Perfection mit Vollziehbarkeit identifiziert; ähnlich Wendt 2, 98 und Stitzing, letzterer freilich einen vagen Begriff von Vermögensübergang damit verbindend. Im übrigen ist Puntscharts eigene Ansicht, welche das Resultat seiner mühseligen Untersuchung bildet, ebensowenig befriedigend; er argumentiert nämlich so: Perfection ist Vollwirksamkeit, Perfection der emtio venditio also Vollwirksamkeit der Rechtsverhältnisse des Käufers und Verkäufers, und diese äussert sich in der exigiblen Pflicht zu tradieren, resp. den Preis zu zahlen; soll aber die Sache tradierbar, der Preis zahlbar sein, so mufs jene individuell bestimmt, dieser ziffermäfsig fixiert sein. (215 ff.)

In diesem letzteren Satze liegt doch ein offenbarer Trugschlufs. Die Individualisierung der Sache ist unzweifelhaft kein Erfordernis der Traditionspflicht, der actio nata, sondern nur der realen Tradition. Die actio emti, welcher die Traditionspflicht entspricht, ist vollwirksam schon mit dem unbedingten Abschlufs des Genuskaufes. In dieser Hinsicht ist die Individualisierung weiter nichts, als die thatsächliche Voraussetzung der Erfüllung, und der Mangel derselben schiebt nicht einmal die Entstehung der actio auf; Perfection kann daher auch nicht wie Puntschart will, mit dem Moment der actio nata identisch sein. Somit bleibt der Unterschied zwischen Vollwirksamkeit als Moment der Entstehung der Rechte und Perfection im Sinne der l 8 pr völlig unerklärt.

Nachdem wir hiermit zwei allgemeine Vorfragen erledigt haben, treten wir in die Untersuchungen des speciellen Teiles ein.

Zweiter Teil.

Die Unmöglichkeit der Erfüllung bei den zweiseitigen Schuldverhältnissen.

A. Die einzelnen Obligationen.

a. Der Kauf.

1) Das Princip.

§ 4. Wird die Leistung des Verkäufers diesem durch einen ihm nicht zuzurechnenden Zufall unmöglich, so folgt aus der allgemeinen Regel: casus a nullo praestantur, dafs er von jeder Leistungspflicht befreit wird.

Scaevola: l 11 D 18, 6.

Fundi nomine emtor agere non potest, cum priusquam mensura fieret, innundatione aquarum aut chasmate aliove quo casu pars fundi interierit.

Die Quellen gewähren ihm aufserdem das Recht, Ersatz der Verwendungen zu verlangen.

Ulpian: l 13 § 22 D 19, 1.

Praeterea ex vendito agendo consequetur etiam sumtus, qui facti sunt in re distracta, ut puta si quid in aedificia distracta erogatum est.[1])

Selbstverständliche Voraussetzung dieser Regel ist, dafs die Sache zur Zeit des Zufalls noch nicht tradiert, also noch im Eigentum beziehungsweise im Vermögen des Käufers ist. Der Sache steht gegenüber der Kaufpreis als volles Aequivalent für dieselbe. Wer trägt nun die Gefahr des die Unmöglichkeit bewirkenden Ereignisses?

Was den Ausdruck „periculum“ in den Fällen, wo die Quellen denselben unzweifelhaft auf die Folgen eines rein zufälligen Ereignisses anwenden, betrifft, so bedeutet derselbe im allgemeinen „die wirtschaft-

---

[1]) Mommsen I 330. Bernhöft 122.

liche Gefahr in Bezug auf das Vermögen einer bestimmten Person“ [1]), den Verlust eines Vermögenswertes ohne Ersatz. Dem Käufer die Gefahr aufbürden, heifst, ihn zur Zahlung des Preises verpflichten, obgleich er die Sache selbst nicht erhält; den Verkäufer mit derselben belasten, heifst, ihn mit dem Verlust der Sache zugleich das Recht auf den Preis verlieren lassen.

Das römische Recht hat die Frage der Gefahr beim Kauf zu Gunsten des Verkäufers entschieden:

§ 3 J 3, 23:

Cum autem emtio et venditio contracta sit, periculum rei venditae statim ad emtorem pertinet.

Während diese Stelle offenbar ungenau den Übergang der Gefahr ohne Einschränkung an den Kontraktsschlufs selbst knüpft, wird die Regel näher präcisiert durch die schon oft citierte l 8 pr D 18, 6 von Paulus: Necessario sciendum est quando perfecta sit emtio: tunc enim sciemus cuius periculum sit: nam perfecta emtione periculum ad emtorem respiciet.

Was Perfection heifst, ist durch obige Untersuchungen festgestellt worden. l 8 pr lehrt nun, dafs an den Moment der Perfection der Uebergang der Gefahr geknüpft ist. Dafs hier der Ausdruck „periculum“ nichts anderes bedeutet als: der Käufer mufs zahlen, trotzdem er die Sache nicht erhält, wird zum Überflufs durch § 3 J cit. völlig sichergestellt, da dieser dafs periculum dahin umschreibt. Auch sprechen andere Stellen den Satz unter dieser Form aus: s. l 34 § 6 D 18, 1. l 6 C 4, 48.

Endlich wird das Princip auch in der Weise formuliert, dafs die Unmöglichkeit der Leistung als Erfüllung gelte: s. l 5 § 2 D 18, 5 ll 14. 15 D 23, 3.

Die citierten Stellen beweisen gleichzeitig, dafs die objektive und diejenige subjektive Unmöglichkeit, welche in dem Verlust der faktischen Dispositionsfähigkeit über die Sache ihren Grund hat, bezüglich der Gefahrfrage gleicher Behandlung unterliegen; denn Flucht, Diebstahl, Raub etc. werden hier mit dem Untergange der Sache auf gleiche Stufe gestellt.

Dafs auch der Verlust der rechtlichen Dispositionsfähigkeit den Schuldner befreit, haben wir oben arg. l 7 § 13 D 10, 3 l 13 § 17 D 19, 1 l 33 D 19, 2 festgestellt. Es bleibt noch zu erörtern, ob solche Zufälle auch insofern als wahre Unmöglichkeit gelten, dafs sie den Käufer trotz mangelnder Sachleistung zur Zahlung des Preises verbinden:

Ulpian: l 7 § 13 D 10, 3.

---

[1]) Hofmann 3.

... Sed et si distracta parte cesserit victus licitatione venditor, aeque pretium ut restituat ex empto tenebitur.

vgl. l 13 § 17 D 19, 1.

Davon, dafs der Verlust des Rechts, welcher den Verkäufer befreit, das ganze Geschäft gleichzeitig insofern rückgängig macht, als auch Käufer nun den Preis nicht mehr zu zahlen braucht, enthalten beide Stellen kein Wort. Das Rechtsverhältnis wird vielmehr so betrachtet, als wäre es mit der Perfection auch sofort erfüllt worden. Der Käufer mufs den Preis zahlen, erhält aber dafür dasjenige, was im Teilungsverfahren dem Verkäufer als Abfindung gewährt worden ist. Denn dies und nichts anderes kann doch das pretium restituere der l 7 cit. bedeuten. Die Annahme: pretium sei der Kaufpreis, und der Käufer habe danach das Recht, den etwa vorausbezahlten Preis zurückzufordern [1]), ist mit dem übrigen Inhalt der Stelle kaum vereinbar. Diese sagt doch in ihrem Anfang offenbar: Wird dem Veräufserer das ganze Grundstück zugesprochen, so kann der Käufer nicht nur exceptions- sondern sogar klageweise zur Annahme des ganzen genötigt werden. (arg. l 7 § 13 cit.) Die logische und rechtliche Konsequenz hiervon ist in dem folgenden Satz enthalten, welcher fortfährt: Wird dagegen der Verkäufer in der Lizitation besiegt, so mufs er auf Verlangen des Käufers, der seinerseits zahlen mufs, den Preis, den er als Abfindung erhielt, diesem herausgeben.

Wenn wir aber, gestützt auf diese Quellenzeugnisse, den allgemeinen Satz aufstellen, dafs auch für die Fälle dieser subjektiven Unmöglichkeit das periculum beim Käufer ist, so scheint dies Resultat mit der vielumstrittenen l 33 D 19, 2 des Africanus in Widerspruch zu stehen.

African geht davon aus, dafs der Vermieter insofern für den Zufall hafte, als er den Mietpreis nur für die Zeit der wirklichen Benutzung fordern resp. zurückhalten könne. Als Beispiel führt er die Confiskation des Grundstücks an, welche für den Fall, dafs sie durch eine Persönlichkeit, quem tu prohibere propter vim aut potentiam non poteris bewirkt ist, in dem folgenden Fragment des Gaius mit einem räuberischen Überfall verglichen wird. Dasselbe, fährt African fort, gelte bezüglich der Confiskation auch beim Kauf; auch hier hafte der Verkäufer, wenn sein Grundstück vor der Tradition confisciert wird, auf Restitution der Kaufsumme.

Die Älteren fanden sich mit dem in dieser Stelle enthaltenen Widerspruch dadurch ab, dafs sie annahmen, das vitium, welches die Ursache zur Confiskation gegeben habe, sei schon zur Zeit des Ver-

---

[1]) Puntschart 202.

tragsschlusses vorhanden gewesen, und der Verkäufer daher eviktionspflichtig. arg. a. contr. l 11 pr D 21, 2.[1])

Diese Interpretation erscheint besonders aus dem Grunde bedenklich, weil kaum anzunehmen ist, dafs African einen so wichtigen Umstand zu erwähnen unterlassen hätte.

Aus l 33 zu entnehmen, dafs African bezüglich der Gefahrfrage einen anderen Standpunkt vertreten habe, hindert uns l 39 i. f. D 46, 3 desselben Autors.

Vielmehr liegt die Erklärung der Stelle in dem besonderen Charakter des Zufalles, welcher sich als ein menschliches Eingreifen in den normalen Verlauf der Dinge, als eine zweckbewufste menschliche Thätigkeit darstellt. Die Confiskation mag thatsächlich oft eine Handlung der Willkür gewesen sein: [2]) rechtlich jedenfalls durfte sie gelten als ein Akt der Strafvollstreckung; ein solcher aber ist naturgemäfs in erster Linie gegen den Eigentümer gerichtet. Würde dieser nun trotzdem den Kaufpreis erhalten, so würde die Strafe nicht ihn, sondern den Käufer treffen und damit wäre der Zweck der Mafsregel vereitelt. Deshalb gilt Confiskation zwar als Befreiungsgrund für den Schuldner, nicht aber berechtigt sie diesen, Zahlung des Kaufpreises zu verlangen.[3]) Der Gedankengang der Stelle ist hiernach folgender: Bei der Miete trägt der Vermieter die Gefahr des Zufalls, also auch die einer etwaigen Confiskation; ja bei letzterer gilt dasselbe sogar auch für den Kauf bezüglich des Verkäufers.

Betreffs l 11 pr D 21, 2 ist fast allgemein anerkannt, dafs diese Stelle nicht hierher gehört, da sie von Confiskation nach bereits erfolgter Tradition handelt.[4]) Was endlich die in den rechtlichen Verhältnissen des Gläubigers begründete Unmöglichkeit betrifft, so lehren die Quellen, dafs dieselbe den Verkäufer befreit, den Käufer aber zur Rückforderung des Preises berechtigt.[5])

Pomponius l 29 pr D 21, 2.

Si rem quam mihi alienam vendideras, a domino redemerim, falsum esse quod Nerva respondisset, posse te a me pretium consequi ex vendito agentem quasi habere mihi rem liceret, Celsus filius aiebat, quia nec bonae fidei conveniret et ego ex alia causa rem haberem.

vgl. Pauli Sent. II, 17, 8.

---

[1]) Glück XVII 142. Mühlenbruch § 397 Nr. 2. Wächter XV, 191. Vangerow § 591 Anm., IV. Mommsen I, 355 (letzterer zweifelnd.)

[2]) Darin findet Dernburg Comp. 79 die Erklärung. In seinen Pandekten II § 96 Anm. 2 beruft er sich auf die besondere Natur der Einziehung des Grundstücks durch den Staat. Ein Sonderrecht nahmen schon die bei Glück XVII, 138 Anm. 54 cit. an.

[3]) Vgl. Mommsen I 135, 136. Hofmann 167. Fuchs 398.

[4]) Anders Bernhöft 123.

[5] Puntschart 203. Mommsen I 336.

Die hierin liegende Ausnahme von den allgemeinen Regeln wird aus Gründen der bona fides gerechtfertigt. Dieselbe soll unten näher erörtert werden.

§ 5. Wenn aber auch — von dieser Ausnahme abgesehen — das Princip periculum est emtoris durch die grofse Zahl und den fast unzweideutigen Ausdruck der Belegstellen über allen Zweifel erhaben zu sein scheint, so hat doch die kritische Strömung unserer Zeit auch hieran zu rütteln versucht.

Der Angriff, den Cujacius [1]) gegen dasselbe gerichtet hat, ist verjährt und von dem Autor selbst zurückgenommen worden. Neuesten Datums ist aber die von Puntschart eröffnete Polemik, dessen Werk die Bekämpfung jener mit Vorliebe von ihm so benannten „nachrömischen Irrlehre“ zum Hauptzweck hat.

Puntschart stellt als Regel auf: der Käufer trage die Gefahr nicht grundsätzlich mit der Perfection, sondern nur dann, wenn es an ihm liegt, dafs die Tradition noch nicht erfolgt ist. Voraussetzung sei erstens Möglichkeit der sofortigen Erfüllung, d. h. Perfection des Kaufrechtsverhältnisses; ferner effektive Bereitschaft des Verkäufers zur Erfüllung und endlich Kenntnis des Käufers von dieser Bereitschaft (S. 220). Sind diese Voraussetzungen vorhanden, dann liege der Grund, weshalb die Erfüllung thatsächlich nicht erfolgt, wenn auch unverschuldet, in der Person des Käufers, „welcher es unterläfst oder versäumt, die Sache sofort, wie er durfte, abholen zu lassen oder gar den Aufschub der Leistung zur Bedingung macht, nicht minder, wenn der Verkäufer sofort zu leisten im Stande ist, er es seinerseits nicht ist und dadurch jenen veranlafst, die Sache noch länger in Händen zu behalten.“ (S. 220.) In diesem Falle sei in einem engeren Sinne eine mora emtoris vorhanden; (226). Die Frage, ob diese als blofser Mangel der Mitwirkung bei der Erfüllung ohne Rücksicht auf culpa mit der mora accipiendi im allgemeinen identisch sei, läfst Puntschart offen (226), obgleich er sich zur Bejahung neigt. Er glaubt davon absehen zu können, da er es für erwiesen hält, dafs die mora emtoris jedenfalls in dem obigen Sinne von den Quellen als solche aufgefafst werde und daher die natürliche Wirkung der Gefahrsübertragung habe. Das was Übergang der Gefahr genannt werde, sei daher weiter nichts als „die vom Gesetze aus Gründen der Billigkeit verfügte Überwälzung des kasuellen Schadens von dem, welcher davon in Wirklichkeit betroffen wurde, auf den, welcher davon zwar nicht betroffen wurde, aber betroffen worden wäre, wenn die Tradition nicht seinetwegen unterblieben wäre“. (219.)

Zustimmend soll zuerst bemerkt werden, dafs der Zusammenhang

---

[1]) Tract. VIII ad African. in 1 23 D loc.; anders Observ. lib. XXIII, cap. 29.

zwischen der Perfection und der effectiven Traditionsbereitschaft, der allerdings nicht zuerst von Puntschart entdeckt worden ist, als ein für die Gefahrfrage sehr wichtiges Moment anzuerkennen ist: nicht aber als thatsächliche Voraussetzung des Gefahrsüberganges, sondern vielmehr nur als Grundlage legislativer Erwägungen.

Gegen die neue Lehre spricht folgendes: Zuerst die Allgemeinheit und Entschiedenheit, mit der die ex professo von der Gefahr handelnden Quellenstellen dieselbe an die Perfection als solche knüpfen, ohne an die mora zu denken. Ein Princip wollen dieselben, insbesondere l 8 pr und § 3 J. cit. unzweifelhaft aufstellen; soll dies Princip nicht eine selbständige Norm für die Gefahrsübertragung, sondern vielmehr nur eine Specifizierung der für die mora accipiendi geltenden Grundsätze und deren Konsequenzen sein, so ist es doch höchst wunderbar, dafs diese mafsgebenden Stellen der mora mit keiner Silbe Erwähnung thun, sondern ohne jede weitere Interpretation die Gefahr an die Perfection knüpfen und diese ohne Rücksicht auf mora definieren.

Ferner ist mit der Puntschartschen Theorie die Behandlung des dies unvereinbar. Überwiegende Gründe sprechen dafür, dafs der dies die Gefahr nicht aufschiebt; vor dem dies aber kann von mora in keiner Weise die Rede sein.

Prüfen wir nun die weitere Annahme, dafs mora emtoris ein technischer Begriff in dem oben beschriebenen Sinne sei, so werden wir sehen, dafs dieselbe durch ihre eigenen Konsequenzen widerlegt wird.

L 5. 17. 18 D 18, 6 handeln von der mora emtoris und sprechen als wesentliche Folge derselben aus, dafs der Verkäufer von da an nur für dolus hafte. Daraus ergiebt sich mit logischer Konsequenz folgende Schlufsreihe:

1) mora emtoris, d. h. das schuldlose Nichtmitwirken des Käufers bei der Erfüllung, überträgt die Gefahr auf diesen.

2) Liegt aber mora emtoris vor, so haftet der Verkäufer nur für dolus.

3) Also mufs immer da, wo der Käufer die Gefahr trägt, der Verkäufer nur für dolus haften, d. h. also nach Puntschart in den meisten Fällen zwischen Perfection und Übergabe.

Dem widersprechen klar die Stellen, welche den Käufer nur dann die Gefahr tragen lassen, wenn die Sache ohne culpa venditoris untergegangen ist.

Vgl. l 14 pr D 47, 2. § 3 J 3, 23.

Dies beweist, dafs der Thatbestand, an den sich der Gefahrsübergang knüpft, mit dem Thatbestand der mora nicht identisch ist. Dieselben Argumente würden einer Identificierung der Gefahrfrage mit der mora accipiendi im allgemeinen widersprechen, falls man, was allerdings viel für sich hat, diese mora im Sinne der Kohlerschen

Definition auffaſst.[1]) Die Regeln vom Verzuge sind in jedem Falle etwas Selbständiges und so wenig mit den Principien über die Gefahr identisch, daſs ihre Anwendung sich sogar gegenseitig ausschlieſst. Wo Verzug im Spiele ist, da ist von der Gefahr in dem Sinne, der uns hier allein interessiert, überhaupt nicht die Rede. Nur soviel ist zuzugeben, daſs die obige Definition der mora praktisch in den weitaus häufigsten Fällen den Unterschied zwischen dem römischen und germanischen Princip verwischen würde.

Endlich muſs der Puntschartschen Theorie noch entgegengehalten werden, daſs auch die Kenntnis des Käufers von der Traditionsbereitschaft in den Quellen nirgends als Erfordernis des Gefahrsüberganges erwähnt wird. Gegen die Heranziehung eines solchen Erfordernisses möchte insbesondere l 8 pr deshalb sprechen, weil diese die Gefahr allein an die Erfüllung der Bedingung knüpft, ohne zu erwähnen, daſs der Käufer davon Kenntnis haben muſs. Auch erfordert sie nicht einmal Kenntnis des Verkäufers davon, so daſs hiernach die Gefahr übergeht, selbst wenn der Verkäufer an die Erfüllung überhaupt noch nicht denkt.

Auch der umfangreiche Quellenbeweis, den Puntschart zu führen unternommen hat, kann als gelungen nicht erachtet werden. l 33 D 19, 2 ist oben besprochen worden; hier sei nur gesagt, daſs Puntschart nichts dafür erbracht hat, warum gerade im Falle der Stelle der Verkäufer vor der publicatio nicht effectiv zur Erfüllung bereit gewesen sei.

Die übrigen von ihm citierten Fragmente sprechen freilich von der Gefahr im Zusammenhange mit der mora; aber dieselben enthalten nichts als den bekannten Satz, daſs die mora accipiendi als Erfüllung gilt, vorausgesetzt, daſs der Schuldner selbst zur Tradition bereit, d. h. nicht in mora war; oder daſs der Käufer dann nicht die Gefahr trage, wenn sich der Verkäufer im Verzuge befand. Alles altbekannte Rechtssätze, welche mit groſser Klarheit darthun, daſs, wo mora vorliegt, die Grundsätze über diese und nicht das „periculum est emtoris“ den Ausschlag geben. Und wenn Puntschart für diejenigen, welche das Princip allgemein und ohne Rücksicht auf mora aussprechen, das Universalmittel anwendet, zu supponieren, daſs in dem betreffenden Falle der Verkäufer traditionsbereit und die Erfüllung nur des Käufers wegen unterblieben sei, so ist diese Hypothese gewiſs sehr radikal, aber auch desto weniger wahrscheinlich. Mit derartigen Annahmen kann man eben Alles aus Quellen herauslesen, was man nur will.[2])

---

[1]) Kohler J B für Dogm. XVII, 400. Brinz II (2) § 275.

[2]) S. besonders Puntschart 259—261 über l 5 § 2 D 18, 5 und l 11 § 12 D 43, 24.

Endlich beruft sich Puntschart noch auf die vielbesprochenen ll 13—15 D 18, 6.

Paulus l 13: Lectos emtos aedilis, cum in via publica positi essent, concidit: si traditi essent emptori aut per eum stetisset, quominus traderentur, emptoris periculum esse placet.

l 18 Julianus: eumque cum aedili, si id non iure fecisset, habiturum actionem legis Aquiliae: aut certe cum venditore ex empto agendum esse, ut is actiones suas quas cum aedile habuisset, ei praestaret.

l 15 Paulus: Quod si neque traditi essent neque emptor in mora fuisset quo minus traderentur, venditoris periculum erit. § 1. Materia empta si furta perisset, postquam tradita esset, emptoris esse periculo respondit, si minus, venditoris: videri autem trabes traditas, quas emtor signasset.

Es ist nicht zu verkennen, dafs gerade die Berufung auf diese Stellen zum Beweise der Puntschartschen Theorie den Schein ungemein für sich hat; und sicherlich wäre das Princip, so wie es Puntschart formuliert, über allen Zweifel erhaben, wenn diese Stellen die einzigen wären, die ex professo vom periculum handelten. Dem Wortlaut nach lehren dieselben: Der Käufer trage nur dann die Gefahr, wenn er die Ware erhalten hat, oder wenn es an ihm liegt, d. h. wie l 15 erläuternd zusetzt, an seiner mora, dafs er sie nicht erhalten hat. Im anderen Falle verbleibe die Gefahr beim Verkäufer.

Diesem Wortlaut schliefst sich eng die Puntschartsche Interpretation an; sie findet hierin den Beweis dafür, dafs die Gefahr überhaupt nur im Falle der mora emtoris übergehe.

Diese Ansicht ist, wie oben nachgewiesen wurde, mit dem sonstigen Inhalt der Quellen nicht vereinbar; damit fällt aber auch diese Auslegung der Stellen, so einfach und natürlich dieselbe auch scheint.

Freilich aber begegnen andererseits auch die Versuche, dieselben mit der herrschenden Meinung in Einklang zu bringen, erheblichen Schwierigkeiten und haben noch zu keinem befriedigenden Resultat geführt.

Der erste Teil der Stelle sagt klar: Der Käufer trägt die Gefahr nach der Tradition oder im Falle seiner mora; er hat aber dann ein Recht auf Entschädigung gegen den Aedilen, falls dieser die Grenzen seiner Befugnis überschritten habe,[1]) resp. einen Anspruch auf Cession der dem Verkäufer gegen den Aedilen zustehenden Klagen. In diesem Falle ist es offenbar einerlei, ob der Verkäufer culpos gehandelt hat oder nicht. Der Käufer haftet entweder als Eigentümer und dann trägt er sowieso die Gefahr; der Verkäufer ist alsdann nur Depositar und die Entschädigungsansprüche haben mit dem Kauf nichts mehr zu

[1]) Dies nimmt Puntschart 238 als feststehend an, ohne nähere Gründe anzugeben.

thun; oder der Käufer ist in mora und dann entschuldigt dies eine eventuelle culpa des Verkäufers.

Vor der Tradition aber soll sonst der Verkäufer die Gefahr tragen, und hierin liegt der schwer lösende Widerspruch.

Will man nun über diese Stellen, welche doch immerhin den zahlreichen, das Gegenteil mit unwiderleglicher Klarheit beweisenden Quellenaussprüchen gegenüber nur vereinzelt dastehen, nicht einfach zur Tagesordnung übergehen, so liegen zweierlei Wege der Interpretation am nächsten.

Erstens kann man annehmen, dafs dieselben von einem Genuskauf handeln. Aber diese Hypothese ist mit dem Ausdruck lectos emtos kaum vereinbar.[1])

Oder man sieht in dem Herausstellen auf die Strafse eine Schuld des Verkäufers, welche ihn auch vor der Tradition für den Zufall haftbar macht.[2]) Gegen diese Erklärung wird hauptsächlich angeführt, dafs die Stellen eine Schuld des Aedilen als möglich voraussetzen, dafs aber, wenn der Aedile kein Recht zur Zerstörung der Betten gehabt habe, dem Verkäufer das Herausstellen derselben nicht als Schuld angerechnet werden könne.[3])

Man darf jedoch nicht vergessen, dafs etwas nicht polizeiwidrig zu sein braucht, und doch eine kontraktliche culpa begründen kann. Wer Sachen auf die Strafse stellt, der setzt dieselben nicht nur der Gefahr, durch den Aedilen zusammengeschlagen zu werden, sondern gleichzeitig den Unbillen des Wetters und dem Mutwillen der Passanten aus. Von letzteren hat gewifs keiner das Recht die Betten zu beschädigen, und doch dürfte sich der Verkäufer hierauf nicht berufen, um seine Schuldlosigkeit darzuthun.

l 14 § 1 kann unbedenklich von einem Genuskauf ex certo verstanden werden. Die Pflicht zur custodia macht nicht für jeden Diebstahl verantwortlich wie l 35 § 4 D 18, 1 l 14 pr D 47, 2 beweisen.[4]) Auch ist der Zusammenhang zwischen diesem Abschnitt und dem vorhergehenden Teil der Stellen nicht so eng, dafs man nicht für jeden einen verschiedenen Grund der Behandlung annehmen könnte.[5])

So geht auch aus diesem Angriff unser Princip siegreich hervor

---

[1]) Wächter 191. Pernice I 463 Anm. 28. Fuchs 397 Anm. Vongerow 208. Ihering JB IV, 415, obwohl das Gezwungene dieser Hypothese anerkennend. Vgl. auch Mommsen I 333. Bechmann I, 595

[2]) Mommsen und Bechmann a. a. O. Hofmann 163, 164. Dagegen Regelsberger XIII, 112.

[3]) Reatz 380.

[4]) Für culpa Hofmann 164. Glück XVII, 147. Dagegen Pernice I 463 Anm. 28. Bekker V 381. Ihering IV, 393. Vongerow § 591 Anm. IV 2. Fuchs 397 Anm. 24. Mommsen I 333 erkennt beide Erklärungen als möglich an.

[5]) Dies gegen Regelsberger XIII, 111.

und wird wohl auch künftighin in ähnlichen, durch jene widersprechenden Fragmente hervorgerufenen Controversen seine Geltung zu behaupten wissen.

Wenn aber auch in der Weise wie Puntschart es will, die Traditionsbereitschaft nicht an die Stelle der Perfection zu treten fähig ist, so giebt es trotzdem Fälle, in welchen auf diese Traditionsbereitschaft ein gröfseres Gewicht zu legen ist, als bisher geschah. Nehmen wir an, der Verkäufer habe einen Gegenstand zu liefern übernommen, der sich fern vom Erfüllungsort befindet; er vernachlässigt die Herbeischaffung schuldhafterweise und zwar solange, dafs er zwar noch nicht in mora ist, unmöglich aber zur rechten Zeit die Erfüllung bewirken kann. Bleibt die Sache nun erhalten, so gerät der Verkäufer notwendigerweise in mora mit allen für den Käufer günstigen Consequenzen derselben. Welcher Rechtssatz schützt aber diesen vor der Pflicht, den Preis zu zahlen, wenn die Sache in diesem Augenblick untergeht, d. i. zu einer Zeit, wo der Verkäufer streng genommen noch nicht im Verzuge war? Recht und Billigkeit sprechen gebieterisch dafür, hier dem Verkäufer den Anspruch auf den Preis zu versagen. Wollte man aber selbst in derartigen Fällen eine Abweichung von der Regel zulassen, so würde dieselbe der Allgemeingiltigkeit dieser keinen Abbruch thun, weil sie sich aus den selbständigen Grundsätzen der bona fides rechtfertigen liefse.

Aus dem Principe: periculum est emtoris, folgt mit innerer Notwendigkeit, dafs der Käufer nicht nur die Gefahr des Unterganges, sondern auch die der Verschlechterung zu tragen hat; denn wer den Preis zahlen mufs, wenn er die Sache garnicht erhält, der wird ihn auch zu zahlen haben, wenn er sie nur in verschlechtertem Zustand erhält.

§ 3 J. cit. l 1 pr l 4, § 1 l 7 pr D 18, 6. Mommsen I 332.

Eine weitere aus Gründen der Billigkeit hervorgehende Consequenz ist die Bestimmung, dafs der Käufer, der das periculum der Sache trägt, andererseits auch das commodum zu beanspruchen hat: er kann alles fordern, was von der Sache körperlich übrig geblieben ist; er kann aber auch etwaige Klagen sich cedieren lassen, die aus Verschulden oder Delikt Dritter entstanden sind, er kann ferner die dem expropriierten Miteigentümer adjudicierte Summe, die dem verstorbenen Sklaven zugefallene Erbschaft beanspruchen.

Vgl. § 3 J. cit. l 35 § 4 D 18, 1. l 13 § 12. 17. 18 D 19, 1 l 14 pr. D 47, 2. Mommsen I 298 ff.

Die praktisch höchst wichtige Frage, ob auch die Versicherungssumme zum commodum gehört, soll sogleich in einem anderen Zusammenhange erörtert werden.

Wenn wir uns nun in dem folgenden zu der Besprechung der einzelnen Kauffälle wenden, so gliedert sich die Untersuchung gleichsam von selbst an der Hand des Perfectionsbegriffes in drei Teile: Zusammenfallen der Perfection mit dem Contractsabschluſs, Imperfection infolge Hinzufügung einer Bedingung, Imperfection infolge der Unbestimmtheit des Inhalts des Rechtsverhältnisses.

Da eine erschöpfende Behandlung der Lehre von der Gefahr beim Kauf hier nicht beabsichtigt wird, so muſs von vorneherein um Nachsicht für eine gewisse Ungleichmäſsigkeit gebeten werden; ausführliche Besprechung werden besonders die Fälle finden, welche für die Erkenntnis des allgemeinen, die Lehre beherrschenden Principes von Erheblichkeit sind; während andere Fragen von nicht minderer Wichtigkeit, wie z. B. die des generischen, des alternativen und des resolutiv bedingten Kaufes hier nur in kürzerer Weise erörtert werden können.

2) Die Fälle.

I. Specieskauf.

α) Normalfall.

§ 6. Specieskauf ist der Kauf, bei dessen Abschluſs der Gegenstand der Leistung von allen übrigen Gegenständen körperlich unterscheidbar ist, ohne daſs einem der Contrahenten in betreff seiner ein Wahlrecht zustände.[1]) Ist in dieser Weise das Kaufobjekt durch den Vertrag bestimmt, ist gleichermaſsen auch der Preis von vorneherein fest verabredet, und das Geschäft unbedingt abgeschlossen, so liegt kein Moment vor, welches einen Aufschub der Perfection bewirken könnte. Diese fällt daher mit dem Abschluſs zusammen, und die Gefahr geht sogleich auf den Käufer über.

§ 3 J 3, 23. l 8 pr citt. l 6 C 4, 48.

Nach obiger Begriffsbestimmung unterscheidet sich der Kauf in Pausch und Bogen in nichts von dem reinem Specieskauf; für ihn gilt daher auch dasselbe bezüglich der Gefahr.[2])

Modestinus: l 62 § 2 D 18.

Res in aversione emta, si non dolo venditoris factum sit, ad periculum emtoris pertinebit, etiamsi res adsignata non erit.

vgl. l 4 §§ 1, 2 D 18, 6 l 2 § 1 C 4, 48.

Ist der oben verteidigte Satz, daſs eine Befristung keinen Aufschub der Perfection bewirke, richtig, so folgt daraus, daſs eine solche auch den Übergang der Gefahr nicht aufschiebt; ein direktes Zeugnis hierfür bieten uns die Quellen nicht; jedoch gestattet der in l 13 § 18 D 19, 1 von Ulpian gelehrte Satz, daſs die commoda auch vor

---

[1]) Hofmann 41. Das individualisierende Moment kann beliebiger Natur sein. S. Ihering IV 410—413.

[2]) Gruchot in Goldschmidts ZS. III 47, Mommsen I 339, Vangerow III 430, Ihering JB. IV 407.

Eintritt des dies dem Käufer gebühren, einen Rückschlufs darauf, dafs er auch die Gefahr schon vor dem dies vom Abschlufs an trage.[1])

§ 7. Als besondere Abart des Specieskaufes mufs hier auch der neuerdings so viel umstrittene Kauf Zug um Zug kurz erörtert werden.

Unzweifelhaft spielt bei uns wie auch ehemals wohl in Rom im Verkehr des täglichen Lebens diejenige Gattung von Erwerbsgeschäften ein grofse Rolle, deren charakteristisches Merkmal darin besteht, dafs die eine Leistung, d. h. also die einseitige Erfüllung erfolgt, ohne dafs dieser eine Zeit vorheriger Verpflichtung vorausgegangen wäre.

Wenn ich an einen Zeitungskiosk herangehe, 10 Pf. auf den Tisch lege und mir eine Zeitung dafür kaufe, wenn ich am Bahnhofs- oder Theaterbüffet ein Glas Bier trinke, ohne den Büffetier zu fragen, so ist von einem Vertrage im gewöhnlichen Sinne des Wortes so gut wie gar nicht die Rede, und doch wird kaum einer der Laien Anstand nehmen, derartige Vorgänge als Kaufgeschäfte zu bezeichnen.

Für den Juristen steht vor allem fest, dafs dies Geschäft die empirische Absicht mit dem Kauf gemein hat, da es auf Erwerb einer Sache gegen Geld gerichtet ist; aber es mufs ihm ebenso feststehen, dafs die erste Leistung nicht den Charakter der Erfüllung hat, denn eine Verbindlichkeit hat vor der Leistung thatsächlich nicht bestanden.[2])

Äusserlich trägt daher die erste Leistung den Charakter einer aufserkontraktlichen datio ob causam an sich. Fragt man nun, ob ein so geartetes Geschäft fähig ist, die dem Kauf specifischen obligatorischen Folgen hervorzubringen, so hängt die Beantwortung dieser Frage davon ab, ob sich in dem Begründungsakte die Voraussetzungen des Kaufgeschäfts nachweisen lassen. Diese Voraussetzungen aber sind Consens über Ware und Preis, denn „beim Rechtsverhältnis des Kaufes werden die Haftungen an den Akt des Consenses geknüpft". pr J 3, 23. Dieser Consens über Ware und Preis aber ist unzweifelhaft in dem Akte enthalten. Der Consens über die Ware liegt darin, dafs der Käufer diese nimmt, und der Verkäufer entweder, falls er es sieht, es geschehen läfst, oder seine Waren so, dafs sie jedermann nehmen kann, ausstellt. Zugleich liegt hierin die Absicht beider Teile, den angemessenen Preis zu fordern resp. zu bezahlen, falls derselbe nicht etwa ersichtlich gemacht oder sonst allgemein bekannt ist. Zu dem Consense gesellt sich ferner die in dem Akte ausgesprochene gegenseitig verpflichtende Absicht der Parteien. Nicht in dem Sinne, dafs jeder der Contrahenten das Bewufstsein hat, seine Handlung enthalte für

---

[1]) Windscheid § 390 Anm. 10, Mommsen I 350, Bechmann II 96. Anders Puntschart 217.

[2]) Bechmann 83. 84. In Band I 613 scheint er ein primäres obligatorisches Stadium anzunehmen.

ihn eine nicht mehr rückgängig zu machende Verbindlichkeit. Denn die gegenteilige Anschauung, dafs der Verkäufer zum Zurücknehmen oder Umtauschen der Ware verpflichtet ist, zählt in der Laienwelt und nicht nur bei unseren Hausfrauen zahlreiche Anhänger. Das Verpflichtende liegt vielmehr in der dem anderen Contrahenten rechtsgiltig kundgegebenen empirischen Absicht, welche in dem Akt enthalten ist: der Käufer will erwerben und er weifs, dafs er nur gegen Geld erwerben kann; der Verkäufer will das Geld und er weifs, dafs er dafür die Ware übergeben mufs.

Damit aber sind die Voraussetzungen gegeben, an welche sich das konkrete Rechtsverhältnis des Kaufes knüpft; und sind diese Voraussetzungen da, so ist das Rechtsverhältnis selbst da.[1])

Irreführen darf hierbei nicht, dafs die principale obligatorische Folge, die Tradition, mit dem Begründungsakte selbst identisch und daher überflüssig ist. Thatsächlich enthält der Akt alle Erfordernisse der emtio venditio; der Umstand, dafs das Rechtsverhältnis seinen Hauptzweck schon in und mit der Entstehung erfüllt, ist in dieser Beziehung ein rein zufälliger und kann ihm den Charakter einer obligatio ex contractu nicht nehmen. Als solche erzeugt es aber für die Zukunft die kaufrechtlichen Haftungen für Eviction und Mängel.

Ist nun die Sachleistung die erste, so trägt der Käufer die Gefahr schon deshalb, weil er die Erfüllung in Händen hat; ebenso wenn beide Leistungen gleichzeitig erfolgen. Ist endlich die Geldleistung die erste, wie es häufig bei kleinen öffentlichen Verkaufsstellen, in denen nur eine Ware gehandelt wird, der Fall ist, so wird meistens bis zur realen Tradition der Ware diese nur generisch bestimmt, und deshalb mangels Perfection das periculum aufgeschoben sein. Ist aber ausnahmsweise das Objekt individuell bestimmt, so wird man, davon

---

[1]) Dies leugnet Brinz (II (2) 691 ff.). Derselbe giebt zwar zu, dafs der beiderseitig erfüllte Realkauf obligatorische Folgen habe; aber bei dem nur einseitig erfüllten stellt er es in das Belieben des Empfängers, aus dem in der Annahme liegenden Consense zum Barkauf das Minus des Consenses zum Kreditkauf zu folgern und einen Kauf zu setzen da, wo keiner war. Andernfalls gestattet er die condictio causa data c. non secuta. Bechmann (II 83 ff.) wendet mit Recht ein, dafs es hiernach auf die Willkür eines Teiles ankomme, und dafs ein Consensualconcrat nicht auf den Willen einer der Parteien gestellt werden dürfe. Seine eigene Ansicht stimmt im Resultat mit der hier vertretenen überein; er sagt, die empirische Absicht der Parteien sei gerade in ihrer alternativen Richtung auf die Gegenwart oder die Zukunft sanctioniert; der eine Geschäftswille umfasse beide Möglichkeiten, und im Angebot und in der Annahme liege beides, die Einigung über den präsenten und eventuell über den künftigen Vollzug; soll die eine Leistung erst nachfolgen, so läge eine Combination von realer Leistung und Verpflichtung vor. S. 5, 87, 90, 91, 94. Ähnlich wie hier Fitting, Archiv für civil. Praxis Band 52 Anm. auf Seite 2.

ausgehend, dafs die stillschweigend acceptierte Geldleistung für eine individuelle Sache den Kaufabschlufs involviert und der Kauf sogleich perfekt ist, nicht anstehen dürfen, die Gefahr mit jener übergehen zu lassen.

Liegt nun aber der Schwerpunkt im Consense über Ware und Preis, dann enthält dieser auch die Entscheidung der Fälle, in denen der zuerst erklärte Wille des Nehmens oder Gebens seinen Zweck nicht erreicht: z. B. ich nehme eine Weinflasche mit Etiquett in dem Glauben, es sei eine gefüllte; ich lege gefälschtes Geld auf den Tisch, oder das Geld wird mir vor der Hingabe aus der Hand geschlagen.[1]) Ist der Geschäftswille trotzdem so erklärt, dafs die Verpflichtungsabsicht mit Sicherheit daraus hervorgeht, so ist er — insofern kein wesentlicher Irrtum vorliegt — bindend und mit allen obligatorischen Folgen ausgestattet.[2])

§ 8. Die nunmehr zu besprechenden Fälle des Specieskaufes haben folgendes miteinander gemeinsam.

Wir sahen, dafs die Frage der Gefahr sich wesentlich darauf concentriert, auf wessen Vermögen der mit dem Zufall verbundene Schade schliefslich haften bleibt. Danach aber wäre es logisch absurd, einen Zufall derartig wirken zu lassen, dafs der entstandene Schade von mehreren gleich voll getragen wird. Die Folge davon wäre, dafs einer den Wert der untergegangenen Sache lukieren würde, da ja nur einer ihn eingebüfst haben kann. Gerade der vorliegende Teil der Lehre hat Gelegenheit zu derartigen Constructionen gegeben, welche alle mit dem Zugeständnis der praktischen Unbilligkeit beginnen, aber im Hinblick auf die Quellen sich bei dem monströsen Resultat beruhigen zu müssen glauben. Es sind dies der Kauf einer fremden Sache, der doppelte Verkauf und der Kauf einer versicherten Sache.

Bezüglich des allgemeinen Gedankens, der bei Besprechung dieser Fälle vertreten werden soll, sei folgendes bemerkt:

Die Römer haben bei der Ausbildung der Consensualverträge, wie es ja der näheren Ausführung nicht bedarf, das Bestreben gehabt, ein System zu schaffen, welches in gleicher Weise den Interessen des Verkehrs als denen der Billigkeit sich gefügig erweisen sollte, und welches daher den Stempel der bona fides an der Stirne trägt. Unter diesen Verträgen aber nimmt der Kauf den ersten Platz ein, und ist es daher wohl anzunehmen, dafs die den praktischen Bedürfnissen entsprechende Ausbildung dieses Geschäftes auf das ganze Gebiet der bonae fides Obligationen einen mafsgebenden Einflufs ausgeübt hat. Umsomehr mufs es auffallen, dafs gerade hier bezüglich der Gefahr

---

[1]) Bechmann II 84.

[2]) Bechmann l. c.: Wenn alles beim Alten bliebe, wäre die Absicht der Contrahenten nicht erfüllt.

die Quellen über gewisse Fragen die Auskunft verweigern, deren Entscheidung dem Rechtsgefühl gar nicht zweifelhaft sein kann, in Ermangelung einer Quellenäußerung aber mit der vermeintlichen strengen Rechtsconsequenz nicht vereinbar zu sein scheint. Es sind dies besonders die Fragen des Verkaufes einer fremden Sache, des doppelten Verkaufes und teilweise auch des Genuskaufes. Sollte nun das Schweigen der Quellen sich nicht einfach daraus erklären lassen, daß diese Fälle, deren Wichtigkeit den Römern ebensowenig entgehen konnte als uns, von ihnen ohne alle Schwierigkeit nach allgemeinen Grundsätzen entschieden wurden? Das Werkzeug, dessen sie sich dazu bedienten, war die exceptio doli, deren Anwendung nicht auf die in den Quellen verbürgten Fälle beschränkt, sondern überall da statthaft ist, wo sie in den thatsächlichen Verhältnissen als gegeben erscheint.

β) Verkauf einer fremden Sache.

Die Sanction des Kaufes verhält sich der Frage gegenüber, ob die Sache dem Verkäufer gehört oder nicht, gleichgiltig. Der Verkauf einer fremden Sache ist daher ein an sich vollkommen giltiges und mit allen obligatorischen Folgen ausgestattetes Geschäft; ausgenommen sind nur Kauf einer furtiven Sache, wenn diese Eigenschaft entweder beiden Contrahenten oder nur dem Käufer bekannt ist; dort ist das Geschäft ungiltig und dadurch die Gefahrfrage erledigt. Hier hat der Verkäufer ein Rücktrittsrecht, von welchem er freilich im Falle des Sachunterganges keinen Gebrauch machen wird: der Käufer muß also die Gefahr tragen. l 34 § 1, 3 D 18, 1.

Daraus nun, daß die emtio venditio rei alienae principiell den allgemeinen Grundsätzen untersteht, folgt, daß auch die Paulinische Regel hier wie sonst ihre Geltung behauptet. Ihre ausnahmslose Anwendung aber würde hier, wie allgemein anerkannt ist, große Härten im Gefolge haben, welche Einschränkungen derselben erforderlich machen. In Betracht kommt hierfür, wie ja auch oben in der Evictionslehre, das Verhältnis des Veräußerers zur Sache, nicht beim Vertragsabschluß, sondern beim Eintritt der Unmöglichkeit.

Erstens folgt aus den Grundsätzen über Eviction, daß der Käufer von der Gefahr frei ist, wenn der Verkäufer ihm doloserweise eine fremde Sache verkauft hat.[1])

Africanus l 30 § 1 D 19, 1.

Si sciens alienam rem ignoranti mihi vendideris, etiam priusquam evincatur, utiliter me ex empto acturum putavit in id quanti mea intersit meam esse factam: quamvis enim alioquin verum sit venditorem hactenus teneri, ut rem emptori habere liceat, non etiam ut eius faciat,

---

[1]) Windscheid § 390 Anm. 16.

quia tamen dolum malum abesse praestare debeat, teneri eum, qui sciens alienam, non suam ignoranti vendiderit: id est maxime si manumissuro vel pignori daturo vendiderit.

Ulpianus l 21 pr. D 21, 2.

Si servus venditus decesserit antequam evincatur, stipulatio non committitur, quia nemo eum evincat, sed factum humanae sortis; de dolo tamen poterit agi, si dolus intercesserit.

Diese Stellen gewähren dem Käufer gegen den dolosen Verkäufer nach der Tradition, aber vor realer Eviction einen Anspruch auf das Interesse. Gleicherweise aber mufs auch vor der Tradition der Käufer gegen den dolosen Verkäufer geschützt sein, denn der Anspruch gründet sich allein auf den dolus und wenn dieser nach der Tradition durch einen Zufall nicht purgiert wird, dann wird er es auch nicht vor der Tradition, wenn dieser Zufall noch dazu den Verkäufer von seiner Traditionspflicht befreit: nur dafs er sich jetzt darauf beschränkt, die actio venditi abzuwehren, da ein weiterer Schade durch den Untergang ausgeschlossen ist.

Der dolus aber liegt allein darin, dafs der Verkäufer seinem Abnehmer gegenüber die fremde Gehörigkeit der Sache verschweigt. Der Käufer hat das Recht, im Zweifel anzunehmen, dafs die Kaufsache dem Dispositionsrechte des Verkäufers untersteht; denn diese Voraussetzung giebt ihm eine Garantie dafür, dafs die Erwartungen, die er an den Vertrag knüpft, in Erfüllung gehen. Verschweigt nun der Verkäufer, dafs die Sache ihm nicht gehört, so täuscht er den Käufer über einen Umstand, der als Motiv bei Abschlufs des Vertrages von grofser Erheblichkeit sein kann; dies umsomehr, da, so viel Grund der Käufer auch hat, auf die Lieferbarkeit der Sache zu rechnen,[1]) diese Aussicht doch immerhin eine unsichere, auf das Belieben dritter gestellte ist. Überdies stellen auch die Stellen den dolus allein auf das scire rem esse alienam. — Dieser dolus wirkt nun nachteilig für den Verkäufer nur solange, als dieser sich nicht das Eigentum der Sache zum Zwecke der Erfüllung verschafft. Erwirbt er die Sache, und geht sie erst jetzt unter, dann kann der Käufer aus jenem früheren dolus keinen Einwand entnehmen.

Andererseits aber schadet es dem Verkäufer, wenn er die fremde Gehörigkeit erst nach dem Verkaufsabschlufs erfährt; er mufs als gewissenhafter Schuldner seinen Gläubiger hiervon in Kenntnis setzen, damit dieser in der Lage ist, seine Dispositionen eventuell danach zu ändern. Es ist dies eine Folge der kontraktlichen Diligenz, auf welche der Grundsatz mala fides superveniens non nocet nicht anzuwenden ist.

---

[1]) In diesen Fällen will Windscheid § 390 Anm. 15 keinen dolus annehmen. Vgl. Ihering III 467.

Auch dieser dolus verliert seine Wirkung erst, wenn es dem Verkäufer gelungen ist, die Sache für sich zu erwerben.

Auf den dolus seines Gegners kann sich der Verkäufer dann nicht berufen, wenn auch er wufste, dafs die Sache jenem nicht gehört; auch ist dieser Kauf nicht, wie Hofmann (43) meint, ungiltig, denn l 34 § 3 D 19, 1 bezieht sich nur auf furtive Sachen, und furtiv wird die Sache arg. l 3 § 18 D 41, 2 nicht durch den Verkauf, sondern erst durch die Tradition; allerdings wird in diesem Fall der präsumtive Parteiwille meistens dahin auszulegen sein, dafs das Geschäft durch den Eigentumserwerb seitens des Verkäufers suspensiv bedingt sei.[1]) Trifft dies nicht zu, dann liegt kein Grund vor, hier von den gewöhnlichen Regeln abzuweichen und den Käufer von der Gefahr zu befreien.[2])

Abgesehen von der Eventualität beiderseitiger mala fides, kommen also nur diejenigen Fälle des Verkaufes fremder Sachen in Betracht, in denen der Verkäufer beim Untergang der Sache bona fide war. Hier trägt grundsätzlich der Käufer die Gefahr.[3])

Die einzige Stelle, welche vom periculum beim Kauf fremder Sachen spricht, ist l 35 § 4 D 18, 1 von Gaius: unde videbimus in personam eius, qui alienam rem vendiderit: cum is nullam vindicationem aut condictionem habere possit, ob id ipsum damnandus est, quia si suam rem vendidisset, potuisset eas actiones ad emptorem transferre.

Die Stelle handelt von den Gegenansprüchen des auf den Kaufpreis belangten Käufers und lehrt, dafs der Verkäufer immer dann haftet, wenn dem Käufer dadurch etwas entgeht, dafs jener nicht Eigentümer der Sache ist. Ebenso haftet der Verkäufer, wenn die Unmöglichkeit ihren Grund in dem Mangel seines Rechts hatte; und zwar verliert er hier wie dort nicht nur seinen Anspruch auf den Preis, sondern ist aufserdem noch zur Prästation des Interesses verpflichtet. Voraussetzung ist in beiden Fällen, dafs der Käufer die fremde Gehörigkeit nicht kannte.[4])

Die blofse Thatsache des nicht verschafften Rechtes aber giebt dem Käufer auch nach der Tradition keinen Anspruch auf das Interesse; sie kann ihn auch nicht schützen, wenn die dem Verkäufer nicht gehörige Sache vor der Tradition untergeht.

So erheblich aber alle diese Einschränkungen auch sein mögen, sie treffen einen Fall nicht, bei welchem die ausnahmslose Anwendung der Paulinischen Regel zu Consequenzen führen würde, welche mit Recht und Billigkeit in unlösbarem Widerspruch ständen.

---

[1]) Hofmann a. a. O. Windscheid § 390 Anm. 15 a. A.
[2]) Ihering III 470, 471 anders.
[3]) So ohne weitere Einschränkung Windscheid a. a. O. Vangerow III 43.
[4]) l 18, 27 C 8, 45. Mommsen I 300 Anm. 21.

Es ist sehr wohl möglich, daſs der Verkäufer in gutem Glauben ein Geschäft abschloſs über eine Sache, die ihm nicht nur nicht gehörte, sondern die er nicht einmal besaſs. Der Erbe findet z. B. im Nachlaſsinventar eine Sache verzeichnet, die er kennt; er verkauft dieselbe, ohne zu wissen, daſs sie schon lange nicht mehr zur Erbmasse gehört, und dieselbe geht unter, bevor er sie sich zum Zwecke der Erfüllung verschaffen kann. Als redlicher Verkäufer wird er sich die Sache zu verschaffen suchen und dann nur noch den Überschuſs des Preises über die Anschaffungskosten lukrieren. Sollte nun ein Zufall, der zwar diese seine Bemühungen vereitelt, aber ihm zugleich auch die Kosten spart, ihm noch überdies das Recht auf den Kaufpreis geben, der ihn sonach im wahren Sinne ungerechtfertigt bereichern würde?

Windscheid beruft sich, um die ausnahmslose Geltung des Gefahrprincips auch hier materiell zu rechtfertigen, darauf, daſs (arg. 1 49 D 3, 5 1 23 D 12, 1) der Eigentümer eine condictio gegen den veräuſsernden Nichteigentümer auf den erzielten Kaufpreis hat, und daſs daher nicht dieser, sondern der wahrhaft Geschädigte den Verlust ersetzt erhält.

Über Gebiet und Umfang dieser Bereicherungsklage herrscht ein heftiger Streit, dessen Repräsentanten Windscheid (§ 422 Anm. 8)[1]) und Krüger (63. Bd. des Archivs für civ. Pr.) einerseits und Ihering (XVI. Bd. seiner JB.) andererseits sind. Auf die Einzelheiten der Controverse einzugehen, würde hier zu weit führen. Unserer Ansicht nach löst sich die Schwierigkeit dadurch, daſs man die Stellen nur auf den Fall beschränkt, wo die Sache nach dem Verkauf, aber vor der Tradition, also noch im Besitze des Verkäufers untergeht: einen Fall, den Ihering, wie das von ihm gewählte Beispiel (S. 287) beweiſst, überhaupt nicht berücksichtigt. Die condictio wäre hiernach nur zulässig gegen den letzten Besitzer, d. h. den, bei welchem die Sache untergegangen ist, und dieser kann sich deshalb darüber nicht beklagen, weil er sie bis zum Untergang auf die Vindication unbedingt hätte herausgeben müssen. Dadurch, daſs er jetzt den Kaufpreis erstatten muſs, verliert er also nicht mehr, als wenn er die Sache selbst hätte herausgeben müssen: letzterem aber ist er nur durch den Zufall entgangen. Hatte er selbst titulierten Besitz,[2]) so wird er normalerweise durch Regreſsansprüche gegen seinen Autor gedeckt sein, welche in fortlaufender Kette den Verlust bis zu dem Ausgangspunkt der ungerechtfertigten Bereicherung abwälzen. Denn wenn der Eigentümer überhaupt noch eine durch kein Gegenrecht gehemmte Vindication hatte, dann muſs die Bereicherung durch den Besitz in einem Glied der Kette eine ungerechtfertigte sein. Und da sich an diesen der Eigen-

---

[1]) S. daselbst die Litteratur der Frage.
[2]) Auf diesen Fall beschränkt Ihering die Anwendung der condictio.

tümer schon nach den allgemeinen Grundsätzen der Condictionenlehre halten kann, auch wenn ihm nach dem obigen ein Anspruch gegen den letzten Besitzer nicht zusteht, so ist seine Stellung auch bei der hier behaupteten Beschränkung der condictio nicht schlechter geworden.

Wollte man hingegen jeden früheren Besitzer auf den Kaufpreis haften lassen, so würden — und dagegen wendet sich Ihering mit Recht — die Grundsätze des Eigentums denen der Bereicherung untergeordnet werden. Die condictio soll nur ein Surrogat für die vindicatio sein und kann sich daher nur gegen den letzten Besitzer richten, welcher noch unmittelbar vor dem Untergang der Sache der Vindication ausgesetzt war.

Die condictio functioniert also im allgemeinen in der Gefahrfrage beim Verkauf einer fremden Sache als regulierendes Ventil, indem sie den Schaden auf den wirklich ungerechtfertigt Bereicherten abwälzt und ihn dem wahrhaft Geschädigten ersetzt. Aber auch sie trifft diejenigen Fälle nicht, in denen der Verkäufer weder Eigentümer noch Besitzer der Sache ist. Denn sich an den veräufsernden Nichtbesitzer der Sache zu halten, dazu hätte der Eigentümer selbst bei der ausgedehntesten Zulassung der condictio kein Recht. Gerade hier aber wäre die Ungerechtigkeit am augenfälligsten. Die Lösung der Schwierigkeit wird sich durch die Betrachtung der einzelnen Fälle ergeben.

1) Der Verkäufer handelt mit Bewufstsein davon, dafs er die Sache weder im Eigentum noch im Besitz hat. Verschweigt er dies dem Käufer, so handelt er dolos, selbst wenn er ein Forderungsrecht auf die Sache hat,[1]) also die Gefahr derselben trägt. Er kann daher den Preis nicht fordern.

Weifs der Käufer hingegen davon, dafs jener die Sache nur zu fordern hat, so trägt er die Gefahr. Eine Ausnahme vom Princip ist hier nicht zu erweisen, und wäre auch materiell nicht gerechtfertigt, da der Verkäufer ja selbst die Gefahr der Sache trägt.

Wird endlich der Kauf ausdrücklich über eine Sache abgeschlossen, die weder im Besitz noch im Eigentum des Verkäufers ist, so liegt im Zweifel ein durch den Eigentumserwerb desselben bedingtes Geschäft vor; das Gegenteil wäre emtio spei, deren in den Quellen erwähnte Beispiele sich stets auf Sachen beziehen, die der Verkäufer durch Jagd, Fischzug etc. erst erwerben mufs. In einem derartigen Geschäft liegt aber schon vertragsmäfsig die Übernahme der Gefahr seitens des Käufers.

2) Der Verkäufer handelt bona fide. Erhielte er den Kaufpreis,

---

[1]) Anders Windscheid und Ihering a. d. a. OO.

so würde er um denselben pure bereichert sein, da er durch den Untergang der Sache nichts verloren hat.[1])

In der Praxis wird hier folgendes zu beachten sein:

Erstens mufs der Verkäufer die Sachlage dann kennen lernen, wenn er sich zur Erfüllung vorbereitet; er wird also meistens vor dem Untergang in mala fides geraten und deren oben festgestellte Consequenzen tragen.

Zweitens kann er den Preis nur dann fordern, wenn die Unmöglichkeit mit dem Mangel seines Rechtes in keinem Zusammenhang steht.

Es ist ferner möglich, dafs der Verkäufer ohne es zu wissen, zwar nicht die Sache selbst aber doch ein Forderungsrecht besitzt, das ihm sein Erblasser oder Vertreter erworben hat; hier trägt er selbst die Gefahr der Sache, und deshalb ist kein Grund, aus Billigkeitsrücksichten von dem allgemeinen Princip abzuweichen.

Trifft alles dieses nicht zu, ist der Verkäufer in keinem Augenblick vor dem Zufall in mala fide, so mufs man um dem Verletzenden der Rechtsconsequenz auszuweichen, den Mut haben, den Grundsatz, dafs Niemand mit dem Schaden eines Andern sich bereichern solle, die selbst da anzuwenden, wo diese Anwendung zwar der Billigkeit entspricht, aber der Bestätigung in den Quellen entbehrt;[2]) ein detrimentum erleidet der Käufer, wenn er den Preis zahlen mufs, trotzdem er die Sache nicht erhält; und bereichert wird der Verkäufer, wenn er den Preis bekommt, obgleich ihn der Sachuntergang nicht betroffen hat.

Unterstützt würde eine dementsprechende Entscheidung durch die oben citierte l 29 pr D 21, 2. Diese Stelle handelt von dem Kaufe einer fremden Sache, die der Käufer noch einmal von dem Eigentümer kauft und tradiert erhält. Es folgt daraus, dafs auch hier ein Fall angenommen wird, wo der Verkäufer weder Besitz noch Eigentum an der Sache hatte. Der Verkäufer soll den Preis deshalb nicht fordern können, weil dies der bona fides zuwiderliefe, und weil der Käufer die Sache nicht von ihm als Erfüllung, sondern ex alia causa hat. Diese Gründe sollen etwa nicht der eine den anderen erläutern, sondern jeder von ihnen soll, wie das nec-et beweist, ein selbständiges Argument sein. Das auf die bona fides gestützte Argument aber beruht offenbar darauf, dafs der Kaufpreis den Verkäufer unberechtigter Weise bereichern würde; es trifft daher ebenso unseren Fall, in welchem die Sache untergeht, bevor sie der Käufer erhält. Daher ist er auch hier durch die exceptio doli generalis, eventuell durch eine condictio geschützt.

---

[1]) Diesen Fall berühren aufser Ihering noch Bernhöft 128 und Martinius 39 mit der weiter nicht gerechtfertigten Consequenz, dafs der Käufer infolge dessen die Gefahr nicht trage.

[2]) Gegen solche Ausdehnung freilich Windscheid II § 421 Anm. 1.

Dadurch reduciert sich die Zahl der möglichen Anwendungsfälle der Paulinischen Regel beim Verkauf fremder Sachen auf folgende:

1) Der Verkäufer ist zur Zeit des Zufalls Besitzer der Sache und zwar bona fide oder einem wissenden Käufer gegenüber mala fide possessor.

2) Er besitzt die Sache zwar nicht, aber er hat ein Forderungsrecht darauf; entweder mufs er selbst in bona fide, d. h. in der Meinung, Eigentümer zu sein, sich befinden, oder er mufs auch den Käufer von der Sachlage unterrichtet haben.[1])

Auch in diesen Fällen greifen regulierend ein die Grundsätze über Condiction und Eviction einerseits, und über die Interpretation des Parteiwillens andererseits.

γ) *Der doppelte Verkauf.*

§ 9. Wir betreten nunmehr das interessante, aber nur spärlich behandelte Gebiet des doppelten Verkaufes. Bei der grofsen Fülle der hier in Betracht kommenden Eventualitäten kann nur eine mehr oder weniger kasuistische Behandlung zum Ziele führen, und zwar gliedert sich die Summe der Fälle danach, ob die Geschäfte durch einen oder mehrere Verkäufer abgeschlossen sind: innerhalb dieser Gruppe aber ist zu trennen Eintritt der Unmöglichkeit vor oder nach erfolgter Tradition.

I. Mehrfacher Verkauf durch denselben Verkäufer.

1) Die Sache geht im Besitz des Verkäufers unter.

Die civilrechtliche Giltigkeit des zweiten Geschäfts steht aufser Frage.[2]) Der Verkäufer ist jedem der beiden Käufer zur Tradition verpflichtet; am klarsten beweist dies l 10 D 19, 1, welche dem einen Käufer, der den andern beerbt, das Recht giebt, durch eine Klage erstens die Sache und zweitens das Interesse wegen Nichterfüllung des zweiten Vertrages zu erlangen. Vgl. l 14 pr D 18, 2, l 64 D 18, 1.

Martinius (15 ff.) nimmt unbeschadet der Giltigkeit des zweiten Geschäftes an, dafs beim doppelten Verkauf der eine Käufer nach erfolgter Tradition an den anderen und jeder der Käufer vor erfolgter Tradition ein Rücktrittsrecht habe. Er beruft sich hierfür auf

l 15 C 3, 32.

Quotiens duobus in solidum praedium iure distrahitur . . . . erit

---

[1]) Von Ihering unterscheidet sich das hier Gesagte dadurch, dafs jener den Käufer bei beiderseitiger mala fides nie, bei einem Forderungsrecht des Verkäufers aber die Gefahr immer tragen läfst.

[2]) Ihering III 455, Martinius 2 f. Anders die Älteren: Glück XVII 215, s. Martinius Anm. 5.

sane in arbitrio tuo pretium quod dedisti cum usuris recipere, ita tamen, ut perceptorum fructuum et sumptuum ratio habeatur.

Dadurch wäre die Gefahrfrage beim doppelten Verkauf auf die einfachste Art entschieden, da dieses Rücktrittsrecht ebenso wie das wegen ädilicischer Mängel durch Untergang der Sache nicht ausgeschlossen würde. (Martinius 37.) Die Entscheidung der Stelle ist aber eine zu vereinzelt dastehende, als daſs man auf Grund derselben so weitgehende und den allgemeinen Grundsätzen so widersprechende Consequenzen lehren könnte. Dieselbe ist vielmehr wie ja so viele der kaiserlichen Rescripte, aus den besonderen Umständen des Falles heraus zu interpretieren. Sie setzt wahrscheinlich voraus, daſs der eine Käufer dem anderen den von diesem gezahlten Kaufpreis, etwa als litis aestimatio anbietet; alsdann bedeutet recipere nicht vom Käufer zurückfordern, sondern den Preis von dem anderen Käufer annehmen.[1])

Ebenso würde sich die Behandlung der vorliegenden Fragen wesentlich vereinfachen, wenn man annehmen wollte, daſs der Verkäufer bei Abschluſs des zweiten Verkaufs stets dem ersten Käufer gegenüber in dolo versiert.[2]) Wenn dies auch thatsächlich in den weitaus häufigsten Fällen der Wirklichkeit entspricht, so genügt die Möglichkeit der bona fides, um die Theorie zu zwingen, diese Frage auch abgesehen von dem dolus zu beantworten; und möglich ist bona fides allerdings. Heutzutage würde vielleicht auch jener traditionelle gute Hausvater, wenn er an die Spitze eines modernen Groſsbetriebes gestellt wäre, sich nicht immer davor hüten können, eine Ware, die einer seiner Vertreter schon einmal verkauft hat, ein zweites Mal zu verkaufen. Ähnliche Fälle eines bona fide abgeschlossenen doppelten Verkaufes können in Verhältnissen der Stellvertretung und der erbschaftlichen Succession sehr häufig vorkommen. Wir müssen daher in die Behandlung der Frage ohne jedes Miſstrauen gegen die Rechtschaffenheit des Verkäufers eintreten.

Aus der civilrechtlichen Giltigkeit eines jeden der beiden Geschäfte müſste auch hier, wie beim Verkaufe einer fremdem Sache, die Folgerung gezogen werden, daſs auch für ein jedes von ihnen die Paulinische Regel zur Anwendung komme. Das Resultat wäre, daſs der Verkäufer beide Kaufpreise in Anspruch nehmen könnte. Diese auch nach Puntschart (361, 366) „unabwendbare Consequenz der Irrlehre“ ist von den älteren vielfach vertreten worden.[3]) Daſs diese Entscheidung der Billigkeit geradezu ins Gesicht schlägt, wird von kaum einem ihrer Anhänger verkannt. Es ist aber nicht anzunehmen, daſs die

---

[1]) Vgl. Windscheid § 397 Anm. 11.

[2]) Hofmanns Argumentation beschränkt sich thatsächlich auf diesen Fall.

[3]) So Stoffregen in dem bei Ihering III citierten Aufsatz, Ihering Abh. 59, 71. Mommsen Erört. I 110, Beitr. I 298 Anm. 16. Vgl. Dernburg Pand. II § 96 Anm. 4.

Römer bei einem Geschäft, bei welchem sie die Billigkeit in dem Maſse betonen wie beim Kauf,[1]) der bloſsen Rechtsconsequenz zu Liebe derartig entschieden hätten.

Ihering beruft sich in seinen Abhandlungen auf l 21 D 18, 4, um jene Entscheidung zu rechtfertigen. Der hierher gehörige Teil dieser Stelle hat folgenden Inhalt:

Der Verkäufer einer Erbschaft hat vor der Tradition einen zur Erbschaft gehörigen Gegenstand einem anderen verkauft. Derselbe geht bei ihm unter,[2]) und er erhält von dem Käufer den Preis. Es handelt sich nun darum, ob er dem Erbschaftskäufer gegenüber zur Herausgabe dieses Preises oder nur zum Ersatz des Sachwertes verpflichtet ist. Der Jurist entscheidet sich für ersteres, indem er annimmt, der Verkäufer habe als negotiorum gestor des Erbschaftskäufers gehandelt; zugleich bemerkt er aber, daſs dieser Gesichtspunkt dann nicht durchgreife, wenn nicht die Erbschaft, sondern nur eine einzelne Sache mehrfach verkauft sei; hier habe der erste Käufer auf den von dem zweiten gezahlten Preis keinen Anspruch, da dieser ein lucrum ex negotiatione, nicht ex re perceptum sei.

Die Stelle spricht aber, wie Ihering[3]) selbst zugegeben hat, nur von der actio emti, d. h. von dem Fall, wo der erste Käufer etwa, weil der von dem anderen gezahlte Kaufpreis den von ihm zugesagten übersteigt, selbständig die Offensive ergreift. Sie lehrt also weder, daſs der zweite Käufer allein hafte, noch daſs der erste, gleichfalls auf den Preis belangt, diesen zu zahlen und nicht einmal Herausgabe des von dem anderen gezahlten zu beanspruchen habe.

Um jener Consequenz, die sonach quellenmäſsig zwar nicht bewiesen, aber auch nicht widerlegt werden kann, aus dem Wege zu gehen, beruft sich Ihering (III) auf die Schadensersatznatur der Kaufpreisforderung und führt aus, daſs der Verkäufer nur den einen Kaufpreis beanspruchen könne, da er damit seinen Schaden vollständig ersetzt erhalten haben würde. Diese Deduction fällt mit ihrem Ausgangspunkt; denn der Kaufpreis soll zwar die Sache ersetzen, aber der Anspruch darauf originiert nicht aus einer, wenn auch nur fingierten Delictsobligation, und daſs der Verkäufer nie mehr erhalten soll, als er verloren hat, soll erst bewiesen werden.

Der Satz, daſs der Verkäufer jedenfalls nicht mehr als einen Kaufpreis beanspruchen kann, ist vielmehr rein aus Gründen der bona fides zu rechtfertigen. Die beiden Kaufgeschäfte sind ihrem Endzweck nach mit einander unvereinbar, die Erfüllung des einen schlieſst die

---

[1]) l 19 § 9 D 19, 2 l 42 § 1 D 41, 2 l 57 D 50, 16: Bona fides non patitur ut bis idem exigatur. Vangerow III 439. Windscheid § 390 Anm. 17.

[2]) Ihering XVI 280 nimmt an, daſs die Sache beim zweiten Käufer untergeht.

[3]) III 454.

des anderen aus, und ist das eine erfüllt, dann haftet der Verkäufer aus dem anderen auf das Interesse, da die Unmöglichkeit durch culpa seinerseits herbeigeführt worden ist. Geht die Sache aber vor der Erfüllung unter, und hat der Verkäufer auf Grund des einen Geschäftes den Preis erhalten, dann hat er dieses als geltend und als erfüllt anerkannt. Er kann das andere Geschäft daher ebensowenig geltend machen, als wenn jenes thatsächlich erfüllt wäre, da die Erfüllung beider Geschäfte zu gleicher Zeit unmöglich ist; er mufs die Fiction der Erfüllung, die er für das eine Geschäft geschaffen hat, gegen sich gelten lassen [1]) und wird daher durch eine exceptio doli an der Geltendmachung des anderen Geschäftes gehindert.

Einen der eben widerlegten Ansichten gerade entgegengesetzten Standpunkt vertritt Martinius in der oben citierten Dissertation,[2]) indem er lehrt, dafs keiner der Käufer die Gefahr zu tragen habe; er argumentiert folgendermafsen:

Durch den zweiten Verkauf habe der Verkäufer selbst die Möglichkeit geschaffen, dafs ihm die freie Disposition über die Sache gegen seinen Willen entzogen werde; die Tradition an jeden der Käufer sei dadurch abhängig gemacht von dem Fall des Nichteingreifens des anderen. Der innere Grund des periculum beim Kauf aber sei der, dafs die Sache schon vor der Tradition gleichsam als zum Vermögen des Käufers gehörig betrachtet werde; dieses Verhältnis sei durch die Disposition des Verkäufers gestört, da nunmehr keiner der Käufer die Sache als die seine betrachten könne; und da somit der Grund des Gefahrsüberganges weggefallen sei, so werde durch den zweiten Verkauf die Gefahr auf den Verkäufer selbst zurückübertragen.

Praktisch würde dies Resultat deshalb seine grofsen Bedenken haben, weil, wie wir eben sahen, der Verkäufer möglicherweise vollkommen in gutem Glauben gehandelt haben kann, ja sich einem der Käufer gegenüber sogar stets in gutem Glauben befunden haben wird: er würde sonach ohne Schuld den Schutz unseres Rechtssatzes einbüfsen.

Nun ist es ja allerdings wahr, dafs der doppelte Verkauf dem Verkäufer die Möglichkeit nimmt, unter allen Umständen bei der Erfüllung nach freiem Belieben zu verfahren. In Rom konnte ihm der Besitz wider seinen Willen entzogen werden einmal durch die Zwangsvollstreckung, als diese als Realexekution zulässig war, und ferner bei beweglichen Sachen dadurch, dafs sich der Käufer eigenmächtig aber fehlerfrei des Kaufgegenstandes bemächtigte; denn gegen materiell gerechtfertigte Besitzentziehung gab das Interdikensystem bei beweglichen Sachen keinen Schutz,[3]) und eigenmächtige Besitzergreifung einer

---

[1]) Vgl. Vangerow III 439.

[2]) Vgl. Eck Kauf (3) 441.

[3]) Anders Ihering, Grund des Besitzesschutzes. Dagegen Windscheid § 160 Anm. 5.

gekauften Sache nach Zahlung oder Deposition des Kaufpreises galt nicht als Diebstahl, l 47 § 7 D 47, 2.[1]) Im modernen Recht tritt als dritte Möglichkeit die einstweilige Verfügung hinzu, für welche freilich die Thatsache des doppelten Verkaufes allein keinen genügenden Grund abgeben dürfte.[2])

Würde nun auf eine dieser Arten der Verkäufer den Besitz verloren haben, so wäre dies einer Erfüllung des einen Vertrages gleich und müfste daher den anderen Käufer von der Gefahr befreien. Die blofse Möglichkeit einer derartigen Dispositionsentziehung kann aber als genügender Grund dafür nicht angesehen werden, dafs nunmehr der Verkäufer allein die Gefahr der Sache trägt: denn um wieviel mehr hätte diese Erwägung da durchgreifen müssen, wo die Dispositionsentziehung durch dingliche Klage erwartet werden konnte, d. h. beim Verkauf fremder Sachen; und wenn hier unbeschadet dieser Möglichkeit der Käufer die Gefahr trägt, so kann dieselbe auch beim doppelten Verkauf kein Grund abweichender Normierung sein. Der Begriff des anticipierten Vermögensüberganges aber ist überhaupt, wie später auszuführen sein wird, nicht geeignet, selbständigen Consequenzen zur Basis zu dienen.

Das Resultat des Bisherigen ist der Satz, dafs stets nur einer der Käufer die Gefahr zu tragen hat. Die Frage, welcher von beiden dies ist, kann auf dreierlei Weise beantwortet werden: man kann entweder den ersten oder den zweiten oder einen von beiden nach Wahl des Verkäufers haften lassen.

Ihering (J.B. III) überläfst es dem Verkäufer, den Preis einzuklagen, von wem er will, mit dem Recht, den eventuellen Ausfall von dem anderen Käufer zu verlangen, ebenso geben Goose[3]) und Vangerow[4]) dem Verkäufer die freie Wahl und zwar deshalb, weil der Verkäufer ja auch tradieren kann, wem er will. Hofmann[5]) hingegen läfst den ersten Käufer selbst bei dolus venditoris die Gefahr deshalb allein tragen, weil durch den zweiten Verkauf an und für sich die Sachlage nicht geändert worden ist.

Beiden Constructionen sind die allgemeinen Voraussetzungen zuzugeben, von denen sie ausgehen; einerseits kann normalerweise der Verkäufer tradieren, wem er will, und er befreit sich durch die reale Tradition dem Empfänger gegenüber von jedem Vorwurf unkontraktlicher Handlungsweise; und ebenso ist das erste Geschäft in seiner

[1]) Bei unbeweglichen Sachen brauchte der Verkäufer den Besitz nur der vis atrox gegenüber aufzugeben und gegen diese steht ihm das interdictum unde vi zu, das durch petitorische Exceptionen nicht entkräftet werden konnte.

[2]) Martinius 4.

[3]) J.B. IX 208.

[4]) Pand. III § 635 Anm. IV.

[5]) S. 144. 147.

Giltigkeit durch das zweite nicht im geringsten berührt. Aber der hieraus gezogene Schlufs ist nicht zwingend. Vielmehr liegen im Augenblick des zweiten Verkaufes die Verhältnisse so, dafs der Verkäufer sich nur an den zweiten Käufer halten kann, da der erste durch eine exceptio doli gegen ihn geschützt ist.[1])

Im Augenblick des zweiten Contractsschlusses ist von zweien nur eins möglich: entweder der Verkäufer hat an den ersten Verkauf gedacht oder nicht.

Hat er daran gedacht, so kann er eventuell dem ersten Contrahenten gegenüber dolos gehandelt haben, falls er nämlich die Absicht in dem zweiten Verkauf bewiesen hat, jener ersten Verbindlichkeit nicht nachzukommen; ein solcher dolus wird fast immer dann vorliegen, wenn der zweite Kaufpreis höher ist als der erste. Die Folgen dieses dolus werden aber, wie l 21 pr D 21, 2 beweist, durch den Zufall nicht aufgehoben,[2]) sie begründen vielmehr eine Einrede, welche den Käufer schützt.[3])

Hat er daran gedacht, ohne sich jedoch einer unredlichen Absicht schuldig gemacht zu haben, etwa weil er das erste Geschäft für aufgehoben oder ungiltig hielt oder gegründete Aussicht hatte, aus seiner Verbindlichkeit entlassen zu werden, dann steht ihm freilich der dolus specialis nicht entgegen; wohl aber würde ihn auch hier der erste Käufer mit der exceptio doli generalis abweisen können, denn er handelt dolos, wenn er sich nunmehr auf ein Geschäft beruft, das er beim Abschlufs des zweiten Verkaufs nicht als zu Recht bestehend betrachtet hat.

Derselbe Vorwurf würde ihn aber auch dann treffen, wenn er an das erste Geschäft überhaupt nicht gedacht hat. Auch hier läge seine Unredlichkeit darin, dafs er aus einem Geschäft Rechte herzuleiten sucht, nachdem er, wenn auch schuldlos, so disponiert hat, als ob dasselbe garnicht abgeschlossen wäre.

Es wird also durch den Abschlufs des zweiten Vertrages notwendigerweise die Präsumtion eines dolus generalis geschaffen, welche der Geltendmachung des ersten Geschäfts solange entgegensteht, bis entweder das zweite rückgängig gemacht ist oder die reale Tradition an den ersten Käufer erfolgt. Dieselbe wirkt zu Gunsten des ersten Käufers, falls der Zufall vor Eintritt einer dieser beiden Thatsachen die Sache trifft. Ist sonach der erste Käufer von der Gefahr befreit, so trifft diese selbstverständlich den zweiten allein, da dieser keinen Grund hat, sich den normalen Consequenzen eines Geschäftes zu entziehen,

---

[1]) Vgl. für d. folgende Windscheid § 390 Anm. 17.

[2]) Anders Ihering III 460. Aber l 45 D 44, 7 bezieht sich nur auf die Interesseleistung. Gegen Ihering auch Hofmann 143. S. l 13 § 14 D 19, 1 l 1 § 25 D 16, 3.

[3]) Anders Ihering l. c. und Hofmann 144.

welches ihm gegenüber nichts Anormales hat.[1]) Eine Ausnahme hiervon würde nach allgemeinen Grundsätzen nur für den Fall der Collusion zwischen dem ersten Käufer und dem Verkäufer begründet sein.

Dieselben Grundsätze müssen unbedenklich auch dann zur Anwendung kommen, wenn es sich um die Übergabe einer blos deteriorierten Sache handelt. Hier kann der Verkäufer die Erfüllung anbieten, wem er will; aber der erste Käufer braucht sie deshalb nicht anzunehmen, weil ihm die Vermutung zur Seite steht, der Verkäufer, der das erste Geschäft bisher als nichtbestehend behandelt hat, mache dasselbe wegen nunmehriger Verschlechterung der Sache nur aus Chikane gegen ihn geltend.[2])

§ 10. 2) Die Sache geht nach der Tradition an den einen Käufer unter.

Der Käufer, dem tradiert ist, mufs den Preis auf Grund der geschehenen Erfüllung zahlen; hat er ihn aber gezahlt, dann kann ihn Verkäufer nicht noch einmal von dem anderen fordern, da nach dem oben Entwickelten nicht beide Käufer zugleich auf den Preis haften können.

Ein anderer Schutz erwächst dem Käufer aber noch aus folgendem Gesichtspunkt:

Erstens stehen ihm dann, wenn der Verkäufer auf jenen Besitz und Eigentum durch die Tradition übertragen hat, die Grundsätze über den Verkauf fremder Sachen zur Seite,[3]) da es bei diesen auf das Rechtsverhältnis des Verkäufers zur Sache zur Zeit des Untergangs derselben ankommt.[4])

Soweit diese nicht durchgreifen, kann sich der Käufer auf das andere Geschäft stets insofern berufen, als dasselbe einen Bruch der Vertragstreue enthält.

1 6 C 4, 39.

Qui tibi hereditatem vendidit, antequam res hereditarias traderet, dominus earum perseveravit et ideo vendendo eas aliis dominium transferre potuit. Sed quoniam contractus fidem fregit, ex emto actione conventus quod tua interest praestare cogitur.

Ebenso verpflichtet 1 10 D 19, 1 den Verkäufer, der die Sache auf Grund des einen Geschäfts tradierte, zur Interesseleistung aus dem anderen.

---

[1]) Dies gegen Hofmanns Einwand: diese Argumentation beweise nur, warum der erste Käufer die Gefahr nicht trage. (144 Anm.)

[2]) Auch hier hat nach Hofmann 145 der Verkäufer die Wahl.

[3]) Aber nur dann, wenn jener Eigentümer geworden ist. Dies übersieht Ihering III 470.

[4]) Deshalb beschränken Puntschart (370) und Hofmann (137, 138) die Anwendung dieser Grundsätze mit Unrecht auf den Fall, wo das zweite Geschäft überhaupt erst nach Erfüllung des ersten abgeschlossen ist.

Diese Haftung für das Interesse beruht allein darauf, dafs die Unmöglichkeit eine durch den Verkäufer selbst geschaffene ist und daher von diesem vertreten werden mufs.[1]) Dolus ist daher nicht erfordert.

Soweit darf man freilich mit Martinius (13) nicht gehen, dafs man den Käufer überhaupt nicht mehr für verpflichtet hält, die Realoblation anzunehmen, sobald sein Interessenanspruch einmal wachgerufen ist. Solange der Verkäufer noch nicht im Verzug ist, geht die actio emti principaliter auf die Tradition; kann sich daher der Verkäufer die Sache zurückverschaffen, so genügt er seiner Verpflichtung vollkommen durch die Übergabe derselben.[2])

Geht dieselbe aber noch im Besitz des anderen Käufers unter, so mag freilich, insofern der Untergang mit dem kontraktwidrigen Verhalten des Verkäufers in keinem Zusammenhange stand, der Interesseanspruch wegfallen. Aber der Untergang der Sache zu einer Zeit und unter Verhältnissen, welche den Verkäufer zum Ersatz des Interesses verpflichteten, mufs wenigstens bewirken, dafs der Käufer von der Gefahr befreit bleibt und die exceptio doli mit Erfolg der Kaufklage enthalten kann.[3])

Inwieweit der Abschlufs eines Rückkaufes genügt, um die Gefahr auf den anderen Käufer zurückzuübertragen, d. h. also den Bruch der Vertragstreue zu heilen, mufs nach den Grundsätzen über den Kauf fremder Sachen beurteilt werden.

3) Die Sache ist an beide Käufer tradiert und geht im Besitze des einen unter.

Hat der Verkäufer thatsächlich aus beiden Obligationen die Erfüllung geleistet, hat er nacheinander dem einen das Eigentum, dem anderen den Besitz oder beiden nur den Besitz übertragen,[4]) dann ist von Gefahr in unserem Sinne gar nicht mehr die Rede, denn die beiden Käufer sind zur Preiszahlung verpflichtet, nicht weil sie die

---

[1]) Die Analogie von l 1 § ult. D 16, 3 (Mommsen I 31) greift hier deshalb nicht durch, weil der Depositar nur für culpa lata haftet. Ihrer Ausdehnung auf den Kaufkontrakt steht entgegen, dafs der Verkäufer, der grundsätzlich für jeden Mangel seines Rechtes einstehen mufs, dieser Haftung sich gewifs dann nicht wird entziehen können, wenn er durch seine eigene Disposition den Verlust des Rechtes bewirkt hat.

[2]) l 67 D 21, 2, auf welche sich Martinius beruft, handelt von einem anderen Falle.

[3]) Martinius 38.

[4]) Hier greift die Frage ein, ob überhaupt eine doppelte Erfüllung möglich ist, da nur einmal fehlerfreier Besitz übertragen sein kann. Klagen kann der Verkäufer nicht aus der Gefahr, sondern nur aus der Erfüllung. Nach Bechmann (I 379) ist aber fehlerhafter Besitz überhaupt keine Erfüllung.

Gefahr tragen, sondern weil und insoweit sie die Erfüllung erhalten haben. Hier wird das ökonomische Gleichgewicht durch die Grundsätze über die ungerechtfertigte Bereicherung, über Eviction und unrechtmäfsige Besitzentziehung in der Weise wiederhergestellt, dafs schliefslich nur der eine der Käufer den Verlust zu tragen hat. Es hat z. B. der Commis eines Geschäftes eine Sache verkauft, dem Erwerber tradiert und diesen daher zum Eigentümer derselben gemacht. Letzterer läfst sie stehen, um sie abholen zu lassen. Ohne davon zu wissen, verkauft und tradiert der Geschäftsherr dieselbe Sache einem anderen Kunden. Dazu ist erforderlich, dafs er den Besitz der Sache dem anderen entzieht. Solange nun die Sache selbst existiert, kann sie der erste Käufer vom zweiten durch die Vindication erlangen und bleibt dann der Verkäufer dem zweiten Käufer gegenüber wegen Eviction verhaftet. Geht sie aber vorher beim zweiten Käufer unter, so sind zwar beide Erwerber zur Zahlung verpflichtet, da beiden erfüllt worden ist. Der erste aber hat dafür das Recht, von dem Verkäufer, der durch die ungerechtfertigte Besitzentziehung bereichert worden ist, diese Bereicherung zu condicieren, und dieselbe besteht in dem beim zweiten Kauf erzielten Preise. Dadurch fällt die Gefahr auf das Vermögen des zweiten Käufers zurück.[1])

4) Mehrfacher Verkauf durch denselben Verkäufer an denselben Käufer.

Dieser seltene Fall enthält wohl immer dann, wenn die Parteien mit Bewufstsein davon handelten, dafs sie über dieselbe Sache schon einmal ein Geschäft abgeschlossen haben, eine Novation.

l 2 D 18, 5 Pomponius:

Si quam rem a te emi, eandem rursus a te pluris minorisve emero, discessimus a priore emtione . . . atque ita consistit posterior emtio quasi nulla praecesserit.

Vgl. l 10 D 41, 2.

Voraussetzung ist hierfür natürlich, dafs das erste Geschäft noch nicht erfüllt ist.[2]) Denn sonst liegt darin, dafs ich eine Sache, die ich früher schon einmal gekauft habe, wiederkaufe, nichts Anormales.

Ist das zweite Geschäft von einer der Parteien dolos, d. h. unter bewufster Ausnutzung der Vergefslichkeit der anderen unter günstigeren Bedingungen abgeschlossen worden, so schützt den Betrogenen die exceptio doli. (Mommsen l. c.) Sonst mufs auf Grund des oben Ent-

---

[1]) Hofmann 146 läfst stets denjenigen, dem zuletzt tradiert ist, die Gefahr tragen. Martinius kommt auf Grund des Rücktrittsrechtes zu ganz anderen Resultaten.

[2]) Mommsen I 100 u. Anm. 30.

wickelten auch hier entschieden werden, dafs grundsätzlich der Käufer nur die Gefahr aus dem zweiten Geschäfte trage.[1] [2]

Im übrigen ist stets, wenn derselbe Käufer mehrmals dieselbe Sache gekauft hat — und deshalb gilt dies auch für den folgenden Abschnitt, — zuzusehen, ob nicht das zweite Geschäft wegen wesentlichen Irrtums nichtig ist. Meistenteils wird beim Abschlufs des zweiten Verkaufes ein error in corpore nach l 9 pr. D 18, 1 vorliegen, denn wenn der erste Kauf über eine individuelle, dem Käufer bekannte Sache abgeschlossen war, dann wird letzterer dieselbe Sache nur deshalb noch einmal kaufen, weil er sie irrtümlich für eine andere hält.

§ 10a. II. Mehrfacher Verkauf durch mehrere Autoren.

Im allgemeinen kann sich der Käufer auf ein zwischen anderen Parteien abgeschlossenes Kaufgeschäft über dieselbe Sache überhaupt nicht berufen; denn in obligatorischen Rechtsverhältnissen kommt eine res inter alios acta nicht in Betracht. Beide Geschäfte können nur dann aufeinander einwirken, wenn ihre Kreise sich insofern schneiden, als zwischen den beiden Verkäufern Ansprüche irgend welcher Art bestehen.

Da von zwei Verkäufern nur der eine Eigentümer der Sache sein kann, so scheiden diejenigen Fälle aus, in denen der eine Käufer schon nach den Grundsätzen über den Verkauf fremder Sachen die Gefahr nicht trägt.

Demnach wird am häufigsten die Frage da auftreten, wo Eigentümer und Besitzer die Sache jeder an einen andern verkauft haben. Geht diese vor Erfüllung eines Vertrages unter, so ist an sich jeder der Käufer zur Preiszahlung verpflichtet, aber der vom Eigentümer Kaufende hat das Recht, Cession der diesem aus l 49 D 3, 5 zustehenden condictio, resp. Herausgabe der dadurch erlangten Summe zu verlangen.

Wenn übrigens der Eigentümer den vom Besitzer erzielten Kaufpreis schon mit Erfolg condiciert hat, so mufs man seinem Käufer schon aus anderen Gründen Schutz gegen die actio venditi gewähren; durch die Anstrengung der condictio erkennt nämlich der Eigentümer den vom Besitzer contrahierten Kauf als in seinem Namen abgeschlossen an, und deshalb wird auch der Anspruch durch den Gesichtspunkt der negotiorum gestio vermittelt. Ist er aber damit gleichsam in das von

---

[1]) l 10 D 19, 1 kann hier deshalb nicht zur Anwendung kommen, weil durch den Zufall jeder Interesseanspruch abgeschnitten wird.

[2]) Mommsen läfst nur das erstere gelten, weil der Verkäufer, der sich auf die günstigeren Bedingungen des zweiten beruft, nachdem ihm das erste wieder ins Gedächtnis gekommen ist, sich eines dolus schuldig macht. Danach müfste man immer das ungünstigere gelten lassen.

dem anderen geschlossene Geschäft eingetreten, so steht er seinem Käufer ebenso gegenüber, wie derjenige, der dieselbe Sache mehrfach verkauft hat. Da beide Geschäfte in ihrem Resultat unvereinbar miteinander sind, so verliert der Verkäufer das Recht, das eine geltend zu machen, nachdem er den Preis aus dem anderen erhalten hat.

Auf diese oder analoge Weise werden sich die Verhältnisse immer dann regulieren lassen, wenn der eine der beiden Verkäufer Eigentümer der Sache ist. Verkauf durch zwei Nichteigentümer kommt deshalb selten in Frage, weil von diesen nur der eine Besitzer sein kann, und der nichtbesitzende Verkäufer nur in seltenen Ausnahmefällen zur Geltendmachung des periculum berechtigt ist. Nie aber ist die Thatsache eines anderweitigen Verkaufes an sich ein genügender Grund für den Käufer, um die Gefahr von sich abzuwälzen. Vielmehr wird die Abhilfe nur dadurch gewährt, dafs bei Eintritt der Unmöglichkeit durch Vermittelung der Rechte auf Cession des commodum und der eventuellen Ersatzansprüche aus der Eviction, der ungerechtfertigten Bereicherung und dem dolus venditoris der Schade auf die eine Reihe der Rechtsverhältnisse, an deren Ende einer der Käufer steht, abgewälzt wird.[1])

δ) Verkauf einer versicherten Sache.

§ 11. Da der Sachuntergang den Verkäufer an und für sich zur Forderung sowohl der Versicherungssumme als auch des Kaufpreises berechtigt, so würde auch hier eine Vervielfältigung des Schadens auf der einen Seite, eine Bereicherung über den Verlust hinaus auf der anderen Seite die Folge der strengen Rechtsconsequenz sein.

Am wenigsten zweifelhaft ist der Fall, wo der Verkäufer den Versicherungsvertrag erst nach dem Verkauf abgeschlossen hat: hier handelt er als negotiorum gestor des Käufers und erwirbt daher diesem den Versicherungsanspruch.[2])

Aber auch, wenn die Sache schon zur Zeit des Verkaufes versichert ist, wird eine kontraktliche Übertragung des Versicherungsanspruches meistens aus dem Vertragsinhalte zu entnehmen sein; mit Recht neigt sich in dieser Hinsicht die Wissenschaft einer ziemlich weitgehenden Interpretation des Parteiwillens zu. Unzweifelhaft liegt eine Übertragung in der Erhöhung des Kaufpreises um die Prämie.[3])

---

[1]) Besprochen werden diese Fälle nur von Hofmann, Martinius und Puntschart. Hofmann läfst, wenn Eigentümer und Besitzer verkaufen, den vom Eigentümer Kaufenden die Gefahr nur dann tragen, wenn der Besitzer mala fide war. Bei mehreren non dominis läfst er hingegen den Eigentümer sämtliche Preise condicieren! Martinius und Puntschart stellen die Entscheidung auf die effektive Traditionsbereitschaft.

[2]) Mommsen Erört. I 119. Hofmann 153.

[3]) Lippmann 22.

Meistens wird sie auch dann anzunehmen sein, wenn bei Abschlufs des Vertrages von der Versicherung überhaupt die Rede war.[1] Endlich ist der Käufer dann berechtigt, Cession des Versicherungsanspruches zu fordern, wenn die Nichtversicherung nach dem Verkauf dem Verkäufer als culpa zuzurechnen ist, oder wenn eine gesetzliche Versicherungspflicht besteht.[2]

Von diesen Fällen abgesehen steht fest, dafs der Käufer sich an den Versicherungsgeber direkt deshalb nicht wenden kann, weil er in keinem kontraktlichen Verhältnis zu diesem steht.

Auch kann er sich nicht darauf berufen, dafs der Verkäufer durch die Versicherungssumme gedeckt sei und deshalb gegen ihn keinen Ersatzanspruch mehr haben könne. Diese Argumentation steht und fällt mit der Iheringschen Theorie.[3]

Ebensowenig aber ist der Versicherer dadurch geschützt, dafs der Verkäufer thatsächlich keinen Schaden erlitten habe, weil er den Kaufpreis fordern könne.[4] Praktisch wäre dies deshalb bedenklich, weil der Verkäufer durch die an und für sich rechtmäfsige Veräufserung seines Versicherungsanspruches verlustig gehen und dazu die Gefahr der Insolvenz seines Käufers übernehmen soll.[5] Auch würde der Schaden abgewälzt von demjenigen, der ihn kontraktlich übernommen hat, auf den Käufer, für den der Zufall ein aufserhalb aller Berechnung stehendes Ereignis ist. Aber auch aus rein theoretischen Gründen mufs man dem Versicherer ein derartiges Recht absprechen: seine Verpflichtung geht dahin, dem Eigentümer seinen Schaden zu ersetzen, den er an der Sache erlitten hat; bedingt ist diese Verpflichtung allein durch die Beschädigung der Sache, nicht durch rein persönliche Verhältnisse des Versicherungsnehmers.[6]

Principaliter bleiben demnach sowohl der Käufer als der Versicherungsgeber verpflichtet. Aber der Käufer kann sowohl excipiendo als agendo die Abtretung des Versicherungsanspruches resp. der Versicherungssumme verlangen, da letztere ein commodum im Sinne der Quellen ist.[7]

---

[1] Hofmann 156.
[2] Mommsen l. c. Anm. 16.
[3] Ihering III 473 lehrt dies nur für den Fall, wo die Versicherungssumme gezahlt wird, entweder vor Anstrengung der actio venditi oder nachdem der Verkäufer den Preis schon erhalten hat. Dagegen Lippmann 27.
[4] Mommsen Er. 120 s. auch Hofmann 157.
[5] Lippmann 24. 25
[6] S. freilich I 18 § 5 D 4, 3.
[7] So Lippmann 30, vgl. Holzschuher III 826, Windscheid § 264 Anm. 6, Puntschart 352, Vangerow § 635 Anm. Mommsen Er. 122 ist aus Billigkeitsrücksichten dafür, hält es aber gemeinrechtlich nicht für konstruierbar. Ebenso Ihering III 473. Abh. 53. 59. Hofmann 155.

Als commodum werden in den Quellen besonders diejenigen Klagen aufgeführt, welche dem Verkäufer infolge des Ereignisses aus etwaigem Verschulden oder Vergehen dritter zustehen, und welche dem Geschädigten Ersatz zu bieten bestimmt sind.

Diesen Zweck hat der Versicherungsanspruch mit jenen Klagen gemeinsam: auch er dient dazu, dem durch den Sachuntergang Geschädigten ein Surrogat für die Sache zu geben, und er entsteht insofern durch das Ereignis, als seine Wirksamkeit durch das Eintreten eines Schadens bedingt ist. Und so wäre wohl nie bezweifelt worden, dafs die Versicherungssumme als wahres commodum dem Käufer gebührt, wenn nicht l 21 D 18, 4 den Unterschied zwischen dem commodum ex re und dem ex negotiatione aufgestellt hätte.

Aber selbst wenn man diese Unterscheidung trotz l 1 § ult. 2. 3 D 16, 3 und l 23 D 12, 1 streng aufrechterhält, würde man demnach der Versicherungssumme den Charakter eines commodum ex re nicht absprechen dürfen. Ex negotiatione ist sie freilich insofern, als der Anspruch darauf auf contractlicher Basis beruht: aber von dem Standpunkt der l 21 cit. ist dieser Anspruch ex re im Gegensatz zu dem aus einem zweiten Verkauf erlangten Preis deshalb, weil seine Wirksamkeit die direkte Folge des Zufalls ist, während jener einen Gewinn repräsentiert, der dem Verkäufer ganz unabhängig von diesem Ereignis zusteht.[1]) Hiernach ist es also unerheblich, dafs der Grund des Anspruches ein Contract ist. Oder wollte man, wenn der Verkäufer die Sache deponiert und mit dem Depositar verabredet, dafs dieser über seine gesetzliche Haftung hinaus auch für blofse Schuld einstehen solle, dem Käufer bei Untergang der Sache durch Schuld des Depositars die Cession der Schadensersatzansprüche gegen diesen verweigern?

Dies Resultat wird auch durch eine Entscheidung der Quellen bestätigt, welche gleichfalls von Cession auf Contract beruhender Schadensansprüche handelt.

l 13 § 12 D 19, 1. Ulpianus.

Sed et si quid praeterea rei venditae nocitum est, actio emptori praestanda est, damni forte infecti vel aquae pluviae accendae vel aquiliae vel interdicti quod vi aut clam.

Vgl. auch l 16 D 39, 3.

Gegen die erste Stelle wendet Mommsen (Erört. I, 117) ein, dafs die cautio nur die Einkleidung einer an und für sich bestehenden

---

[1]) Auch gegen diesen Entscheidungsgrund der Stelle Mommsen Erört. I 110. Krüger Arch. 63, 381. Ihering XVI 382 sieht den Unterschied darin, dafs der Kaufpreis nicht blos andere Form der Sache ist, sondern gleichzeitig ein Aequivalent für die zum Verkauf erforderlichen persönlichen Fähigkeiten des Verkäufers.

Entschädigungspflicht sei, und dafs der Verkäufer dieselbe nur deshalb cedieren müsse, weil er nach l 18 § 8. 9 D 39, 2 bei Vermeidnng von culpa zur Bestellung der cautio verpflichtet sei.

Die erste Behauptung aber widerspricht der Natur der cautio, da diese gerade dazu dient, Ersatz für solchen Schaden zu erlangen, der nach allgemeinen Grundsätzen nicht zu ersetzen wäre. (Windscheid II § 458). Bezüglich der culpa aber ist gerade in § 9 der von Mommsen citierten Stelle die Möglichkeit angedeutet, dafs der Verkäufer die Bestellung ohne Schuld unterlassen haben kann. (Lippmann 36 Anm.)

Der selbstquälerische Einwand, den Lippmann (31. 34. 35) gegen die Beweiskraft der l 13 § 12 erhebt und widerlegt, bezieht sich darauf, dafs Schadensersatzansprüche, welche vor dem Vertrag entstanden sind, als commodum nicht angesehen werden können. arg. l 21 D 18, 4 i. f. und l 11 § 9 D 43, 24. Aber in diesen Stellen liegt nicht nur der Grund des Anspruches, sondern auch das beschädigende Ereignis selbst vor dem Vertrage, während in l 13 § 12 das Ereignis erst zwischen Vertrag und Erfüllung eintritt.

Nimmt man nun an, dafs der Versicherungsanspruch als commodum zu betrachten und daher dem Käufer zu cedieren ist, so wird bezüglich der Prästationen des Verkäufers folgende Reihe geschlossen:

1) der Verkäufer haftet dem Käufer für eigene Schuld;

2) bei Schuld Dritter mufs er ihm die Ersatzansprüche gegen diese cedieren;

3) für unvertretbare Zufälle haftet er nur, wenn er diese Haftung ausdrücklich übernommen hat;

4) Hat aber ihm gegenüber ein Dritter diese Haftung übernommen, so ist er zur Cession der betreffenden Ansprüche verpflichtet.

II. Der bedingte Kauf.

§ 12. Wir treten nunmehr in die Besprechung der Fälle ein, in welchen die mangelnde Perfection des Rechtsverhältnisses Grund des Aufschubes der Gefahr ist. Da nach l 8 pr die Gefahr mit der Perfection übergeht, so wird es sich in dem folgenden nur darum handeln, diesen Moment zu fixieren.

Imperfection mangels vollendeter Entstehung des Rechtsverhältnisses liegt vor, wenn der Vertrag unter einer Bedingung abgeschlossen ist. Wahrhaft bedingt ist allein

a) der suspensiv bedingte Kauf,

während der resolutiv bedingte als pure contracta emtio behandelt wird. (Windscheid § 86 Anm. 6. ll 2, 4 pr D 18, 2. l 2 §§ 3, 4 D 41, 4.)

Die Entwickelung des Rechtsverhältnisses wird hier vollendet mit dem Eintritt der Bedingung; vorherige Unmöglichkeit hindert die Entstehung desselben, da es seine Entwickelung nicht vollenden kann, wenn es im Laufe derselben seines Inhalts beraubt wird. Bloſse Verschlechterung der Sache kann die Wirkung nicht haben, solange sie dem wirtschaftlichen Untergange der Sache nicht gleichsteht. Letzteres aber ist Thatfrage.

Die Gefahr wird daher auf den Käufer mit der Erfüllung der Bedingung übergehen. Die Gefahr der Verschlechterung trägt er jedoch schon vorher, während die des Unterganges bis zu jenem Moment beim Verkäufer bleibt.

l 8 pr cit.

... Quod si sub condicione res venierit, si quidem defecerit condicio, nulla est emtio sicuti nec stipulatio: quod si exstiterit, Proculus et Octavenus emptoris esse periculum aiunt: idem Pomponius libro nono probat.

Windscheid § 390, Vangerow III 214, Hofmann 83, Mommsen I 337, Glück XVII 155, Thöl § 266, vgl. l 10 pr D 18, 6 l 10 § 5 D 23, 3.[1])

Puntschart (335) erfordert von seinem Standpunkt aus, daſs die Parteien die Erfüllung der Bedingung kannten oder kennen muſsten; sonst sei bei Untergang der Sache das Geschäft als aufgelöst zu betrachten (338). — Eine Widerlegung dieser Ausführung ist schon oben versucht worden.

Bezüglich der Verschlechterung ist übrigens zuzusehen, ob die Parteien die gleiche Qualität nicht zur Bedingung des Geschäfts gemacht oder eine Garantie stipuliert haben;[2]) im ersteren Falle würde die Bedingung deficieren, im zweiten der Verkäufer sich einen entsprechenden Preisabzug gefallen lassen müssen.

Bei dem suspensiv bedingten

Kauf auf Probe

fällt thatsächlich die Gefahr auf den Verkäufer zurück, da hier der Untergang der Sache jede Billigung ausschlieſst, und eine Verschlechterung sie unwahrscheinlich macht.[3])

Ist hier für die Approbationserklärung ein Termin bestimmt, so bleibt, wenn derselbe durch Schuld des Verkäufers versäumt wird, die Gefahr bei diesem arg. l 4 pr. D 18, 6; Verzug des Käufers hingegen hat die Deficienz der Bedingung zur Folge, da das ganze Rechts-

---

[1]) Daſs eine conditio omni modo exstitura diese Wirkung nicht hat, versteht sich von selbst. l 8 pr. cit. Hofmann, Glück, Mommsen ll. cc.

[2]) Mommsen I 358. Bekker V 399.

[3]) Hofmann 94. Vangerow § 635. Windscheid § 387. Puntschart 353.

verhältnis der Willkür des Käufers untersteht;[1]) dagegen gilt Unterlassen der Erklärung dann als stillschweigende Billigung, wenn der Käufer die Sache bereits in Händen hat.[2])

Ist keine Frist bestimmt, so mufs die Erklärung binnen der ortsüblichen Frist und wo diese nicht besteht, so bald als möglich erfolgen.[3])

Nach dem Vorgange Goldschmidts[4]) pflegt der Weinkauf ad gustum nach besonderen Grundsätzen behandelt zu werden. Derselbe wird arg. Cato de r. r. c. 148. l 4 pr § 1 D ht. l 34 § 5 D 18, 1 als ein resolutiv bedingtes Geschäft, bei welchem der Käufer wegen acor und mucor des Weines hätte zurücktreten dürfen, aufgefafst. Der Streit hierüber hat nur ein rechtshistorisches Interesse und kann hier um so mehr auf sich beruhen bleiben, als es sich nicht um neue Principien für die Gefahrnormierung, sondern nur um gewisse, durch Parteiwillen und Geschäftsgebrauch hervorgerufene Modifikationen längst bekannter handelt.[5])

β) *Der resolutiv bedingte Kauf.*

§ 13. Hier gilt das Geschäft mit dem Abschlusse sogleich als perfekt. Die Frage, ob der Verkäufer sich Auflösung desselben auch nach Untergang der Sache gefallen lassen mufs, ist daher keine Frage der Unmöglichkeit; dieselbe mufs vielmehr allein aus der Natur der Resolutivbedingung heraus beantwortet werden. Die verneinende Antwort scheint mit Notwendigkeit aus der Auffassung der Resolutivbedingung als eines suspensiv bedingten Nebenvertrages hervorzugehen, da dieses Rechtsverhältnis nach Wegfall seines Objects nicht mehr wirksam werden kann.[6]) Das Gegenteil ist natürlich bei Untergang der Sache nach Eintritt der Resolutivbedingung anzunehmen.

Die Stellen, auf welche sich die entgegengesetzte Meinung beruft, beziehen sich nur auf den Fall, wo die Auflösung in das Belieben der Parteien gestellt ist.

Pomponius l 2 D 18, 3.

Cum venditor fundi in lege ita caverit: si ad diem pecunia soluta

---

[1]) Anders früher Glück XVII 161. Hasse culpa 457. Dagegen Vangerow S. 437. Goldschmidt ZS I 129.

[2]) Vangerow S. 435 f. Windscheid § 387 Anm. 11. Puntschart 354.

[3]) Windscheid § 387. Vangerow III 438. Puntschart 353. Goldschmidt ZS 126. Dagegen Hofmann 97.

[4]) l. c.

[5]) Wie Goldschmidt besonders Vangerow l. c. Dagegen Windscheid § 387 Anm. 6.

[6]) So Hofmann 94. Vangerow III 437. Eck (Kauf (2) 10). Beide nehmen mit Recht an, dafs die Gefahr der Verschlechterung beim Verkäufer ist, so auch Czyhlarz 42.

non sit, ut fundus inemtus sit, ita accipitur inemtus esse fundus, si venditor inemtum eum esse velit, quia id venditoris causa caveretur: nam si aliter acciperetur, exusta villa in potestate emptoris futurum, ut non dando pecuniam inemptum faceret fundum, qui eius periculo fuisset.

Ulpianus l 2 § 1 D 18, 2.

Ubi igitur secundum quod distinximus pura venditio est, Julianus scribit hunc, cui res in diem addicta est, et usucapere posse et fructus et accessiones lucrari et periculum ad eum pertinere, si res interierit,

Paulus l 3 eod.

quoniam post interitum rei iam nec adferri potest melior condicio.[1])

Hängt die Rückgängigmachung vom Belieben des Verkäufers ab, so trägt thatsächlich sowohl bei Untergang als bei Verschlechterung der Sache der Käufer die Gefahr. Dies trifft für den Kauf mit lex commissoria oder in diem addictio zu.[2]) Für den Fall, wo die Mifsbilligung des Käufers die Entscheidung giebt, gehen die Meinungen auseinander. Übereinstimmung herrscht nur darüber, dafs ein pactum displicentiae trotz Unterganges der Sache den Käufer zur Auflösung des Geschäftes berechtigt, da ein solches arg. l 31 §§ 6. 9. 11—13 D 21, 1 unter den Grundsätzen der ädilicischen Klagen steht.[3]) Dasselbe mufs wohl arg. l 2 D 18, 3 für jede Bedingung welche rein auf das Belieben des Käufers gestellt ist, angenommen werden. Hierfür spricht auch l 4 C 4, 58.[4])

Si praedium quis sub ea lege comparaverit, ut, si displicuerit, inemptum erit, id utpote sub condicione venditum resolvi et redhibitoriam adversus venditorem competere palam est. 1. Idem observatur et si pestibilis fundus, id est pestibulas vel herbas letiferas habens, ignorante emtore distractus sit: nam in hoc etiam casu per eandem actionem eum quoque redhibendum esse.

Die Annahme Goldschmidts,[5]) dafs hier eine andere redhibitorische Klage gemeint sei, scheitert an dem § 1 der Stelle, welcher doch offenbar von der gewöhnlichen ädilicischen Klage spricht.[6])

Zu widersprechen scheint nur die interessante l 20 § 1 D 19, 5

---

[1]) Windscheid § 390 Anm. 10. Puntschart 343. Vgl. Gareis 638 Anm. 11.

[2]) Hofmann 83. Anders Puntschart 352 für den Fall, dafs die Sache gut versichert ist oder der Käufer insolvent und die Sache nur teilweise untergegangen ist.

[3]) Puntschart 355. Goldschmidt ZS I 122. Vangerow III 438. — Fitting (Goldschm. ZS II 273) nur für das pactum: ut redhibeatur oder ut inemtus foret. Ebenso Hofmann 94.

[4]) Hofmann läfst den Käufer nicht die Gefahr der Verschlechterung tragen. Gegen die Unterscheidung von Reuvertrag und Bedingung Windscheid § 323 Anm. 5.

[5]) l. c. 123.

[6]) Czyhlarz 46. Fitting 269. Wendt II 115.

des Ulpian: Item apud Melam quaeritur, si mulas tibi dedero ut experiaris et si placuissent emeres, si displicuissent, ut in dies singulos aliquid praestares, deinde mulae a grassatoribus fuerint ablatae intra dies experimenti, quid esset praestandum, utrum pretium et merces au merces tantum; et ait Mela interesse, utrum emptio iam erat contracta an futura, ut, si facta, pretium petatur, si futura, merces petatur: sed non exprimit de actionibus puto autem si quidem perfecta fuit emptio, competere ex vendito actionem, si vero nondum perfecta esset, actionem talem qualem adversus desultorem dari.

Diese Stelle handelt jedoch nicht von einer Resolutiv-, sondern von einer Suspensivbedingung. Dafür spricht erstens die Formel: ut si placuissent emeres, ferner der Nachsatz, welcher für den Fall der Bedingung unterscheidet, ob der Kauf schon perfect war oder nicht; denn ein resolutiv bedingter Kauf ist sogleich mit dem Abschlufs perfect; und endlich läfst der Anfang der Stelle deshalb auf eine Suspensivbedingung schliefsen, weil das Hingeben nur als dare und die Billigung als der Wille, den Kauf überhaupt erst abzuschliefsen, dargestellt ist.

Der Nachsatz giebt nun für den Fall der Stelle, wenn nämlich der Zufall intra dies experimenti eingetreten ist, nur die eine Entscheidung: die Bedingung war noch nicht erfüllt, der Kauf daher noch nicht perfect, und daher nur die Klage auf die merces zulässig. Der Jurist fügt aber hinzu, dafs wenn der Kauf schon perfect war, d. h. also die Tiere nicht während der Probezeit, sondern nach der Billigung geraubt worden wären, die Kaufklage auf den Preis zustehen würde.[1])

Es ist daher mit Wendt[2]) der allgemeine Satz aufzustellen, dafs überall, wo dem Käufer eine schrankenlose Willkür in betreff des Rücktrittsrechtes freistehe, der Verkäufer sich durch Unterwerfung unter diese Bestimmung auch dem periculum unterwerfe.

Ist für die Erklärung der Approbation ein Termin gesetzt, so gilt Verstreichenlassen der Frist seitens des Käufers bei der Resolutivbedingung stets als Billigung, vorausgesetzt, dafs kein Verschulden des Verkäufers vorliegt.

§ 14. Unter den Begriff des bedingten Kaufes fällt der

γ) *Kauf künftiger Sachen.*

Die Römer unterscheiden

1) emtio spei.

Unbedingter Kauf künftig zur Existenz oder in Besitz des Verkäufers kommender Gegenstände nach l 8 § 1 D 18,1 ll 7. 11 D 18,4.

---

[1]) Vgl. Czyhlarz 48.
[2]) l. c. 121.

Damit hat der Käufer vertragsmäfsig sofort mit dem Abschlufs die Gefahr der Nichtexistenz oder der Unmöglichkeit der Lieferung übernommen.[1])

2) emtio rei speratae.

Kauf künftiger Sachen unter der Bedingung, dafs sie zur Existenz gelangen. Die Bedingung ist eine reine Suspensivbedingung;[2]) ihr Eintreten, d. h. also die Existenz der Sache bringt das Geschäft zur Perfection und bewirkt den Übergang der Gefahr auf den Käufer.

l 8 pr D 18, 1 Pomponius.

Nec emtio nec venditio sine re quae veneat potest intellegi. Et tamen fructus et partus futuri recte ementur, ut cum editus esset partus, iam tunc cum contractum esset negotium, venditio facta intellegatur: sed si id egerit venditor, ne nascatur aut fiant, ex empto agi posse.

Natürlich erfordert der Gefahrsübergang, dafs mit der Existenz zugleich auch die übrigen Bedingungen der Perfection, insbesondere die Individualisierung des Inhalts betreffend gegeben sind: dies ist der Fall, wenn das Object von Anfang an durch solche Merkmale bezeichnet war, dafs es sogleich mit seiner Entstehung als das einzige von den Parteien gewollte erkennbar ist.[3])

Bei nur generischer Bestimmtheit der Sache mufs hingegen erstens das Genus zur Entstehung gelangen, und ferner dasjenige Moment hinzutreten, welches zur Perfection des Genuskaufes erfordert wird.

Genügt das ganze zur Entstehung gelangte genus nicht zur Erfüllung, so braucht der Verkäufer nur für das wirklich entstandene einzustehen, mufs sich aber entsprechende Preisminderung gefallen lassen.[4])

l 39 § 1 D 18, 1.

III. Imperfection mangels Individualisierung des Inhalts.

Imperfection nach vollendeter Entstehung des Rechtsverhältnisses hat ihren Grund in dem Mangel genügender Individualisierung seines Inhalts. Auf Seite des Kaufobjects ist dies der Fall beim generischen und alternativen Kauf, auf Seite des Preises bei der emtio ad mensuram.

---

[1]) Bechmann II 254, 144. Hofmann 107 will das Geschäft gar nicht als Kauf behandelt wissen. Dagegen Windscheid § 385 Anm. 5.

[2]) Windscheid l. c. Hofmann 106. Vangerow § 632. Mommsen I 339. (Dieser letztere behandelt auffallenderweise das Geschäft als imperfect in Bezug auf die Ware.) Abweichend Puntschart 323.

[3]) Ihering IV 414; z. B. das vierte fertig werdende Pianino.

[4]) Hofmann 106. Vangerow § 632 Anm. I 1.

§ 15. *a) Der Genuskauf*

ist ein Kauf, dessen Object beim Abschlufs nicht konkret, sondern nur nach Merkmalen seiner Art bestimmt ist.[1]) Er ist keineswegs auf fungible Sachen beschränkt, vielmehr liegt sein Unterschied gegen den Specieskauf allein in der subjectiven Bestimmungs- und Bezeichnungsweise des Objects.[2])

Der Kreis der bestimmenden Merkmale kann ein mehr oder weniger enger sein; zu denen der Art können daher auch solche hinzutreten, welche das Ganze, aus welchem die Species zu leisten ist, räumlich abgrenzen, d. i. zu einem certum machen. Diese Unterscheidung, welche Thöl mit „übersehbaren" und „unübersehbaren" genus, Bekker mit „rein" und „gemischt generisch" kennzeichnet, ist in mehrfacher Beziehung für die Gefahrfrage von Erheblichkeit.[3])

Erstens folgt unzweifelhaft aus dem Satz: genus perire non censetur, dafs der Verkäufer sich auf eine Unmöglichkeit der Leistung überhaupt nur dann berufen kann, wenn es sich um ein certum genus handelt; denn nur ein solches kann untergehen.[4])

Es ist ferner nicht zu leugnen, dafs thatsächlich jene zweite Art des generischen Kaufs dem alternativen sehr nahe kommt, und dafs in jedem einzelnen Fall der Parteiwille einer sehr sorgfältigen Prüfung dahin zu unterziehen ist, ob er nicht für eine beabsichtigte Wahlobligation nur die kürzere generische Bezeichnung gewählt hat.[5]) Die theoretische Grenzlinie zwischen den beiden Obligationsarten darf deshalb aber nicht verwischt werden.[6]) Ihre Gleichheit besteht darin, dafs sie beide auf ein nach Wahl des Schuldners aus einer bestimmten Zahl von Gegenständen zu leistendes Object gerichtet sind; für die alternative Obligation aber ist wesentlich, dafs die Parteien hierbei die einzelnen Individuen im Auge gehabt und Wert auf das Abwägen der individuellen Merkmale gelegt haben.[7]) Bezüglich der Gefahr hat man aus dieser Identificierung die irrige Consequenz gezogen, dafs auch bei gemischt generischen Obligationen der Gläubiger die Gefahr des

---

[1]) Windscheid II § 255,2. Thöl § 263 S. 857: „Wenn von dem Ganzen ein erst abzusondernder Teil gekauft ist."

[2]) Ihering IV 400. Bekker V 351.

[3]) Andere leugnen, dafs im zweiten Falle überhaupt eine Genusobligation vorliege. Jedenfalls ist aber das Leistungsobject nicht individuell bestimmt.

[4]) Stintzing 190. Ihering IV 394. Mommsen I 340.

[5]) Windscheid § 255 Nr. 17.

[6]) Bekanntlich identificiert Savigny Obl. R. II § 38 und S. 400 beides. S. darüber Windscheid § 255. Mommsen I 341. Ihering IV 406.

[7]) Windscheid a. a. O. Bechmann II 328.

letzten Objectes trage:[1]) eine Ansicht, welche für den Kauf an dem Widerspruch der Quellen scheitert.

Endlich ist von Bechmann[2]) in jüngster Zeit jene schon früher aufgestellte Meinung verfochten worden, wonach als Kauf von den Römern nur der Genuskauf ex certo anerkannt worden sei, während das Lieferungsgeschäft über eine rein generisch bestimmte Sache, welches den Verkäufer nicht blos zur Ausscheidung, sondern auch zur Anschaffung verpflichtet, im römischen Contractssystem keinen Platz gefunden habe.

Schon die historische Unmöglichkeit dieser letzteren Consequenz ist ein gewichtiges Gegenargument gegen jene Hypothese, denn der Welthandel Roms ist ohne Lieferungsverträge mindestens zwischen Producenten und Zwischenhändlern gar nicht denkbar.[3]) Auch lehrt die Erfahrung, dafs jener Unterschied im täglichen Leben und im Geschäftsverkehr den Parteien gar nicht immer zum Bewufstsein kommt: denn wer bei seinen Händlern Waren bestellt, der verhält sich gewöhnlich dem Umstande gegenüber, ob dieser die Waren auf Lager hat oder nicht, gleichgiltig. Das weitere Argument Bechmanns, dafs beim rein generischen Kauf die Evictions- und Redhibitionsgrundsätze keine Anwendung fänden, ist an und für sich sehr zweifelhaft. Eine ausdrückliche über den Rahmen des Kaufs hinausgehende Vereinbarung dahin, dafs der Verkäufer den Käufer zum Eigentümer machen müsse, enthält der Lieferungsvertrag nicht; die actio empti wird daher unter denselben Voraussetzungen wie beim Specieskauf zulässig sein und sich ebenso wie hier auf das Interesse richten. Bezüglich der ädilicischen Klagen aber zeigt die Darstellung Windscheids klar, dafs man die Anwendbarkeit dieser sehr wohl leugnen kann, ohne doch jene Consequenz daraus zu ziehen. Und da, wie Bechmann[4]) selbst zugiebt, der Lieferungsvertrag die Voraussetzungen und die empirische Absicht mit dem Kauf gemeinsam hat, so wird man ihm auch den Charakter der emtio venditio sowohl für das römische als für das heutige gemeine Recht nicht verweigern dürfen.

Die Behandlnng der Gefahr folgt für den Genuskauf allein aus dem Begriff der Perfection.[5]) Diese und damit zugleich der Gefahrsübergang knüpft sich nach l 8 pr an den Moment, wo id quod venierit appareat, quid, quale quantum sit. Quantität und Qualität des

---

[1]) Diese Ansicht vertritt Bechmann II 330. Dagegen l 35 § 7 D 18, 1 l 5 D 18, 6.

[2]) II 331 ff. Ebenso Regelsberger Arch. 201, Krit. XIII 112. Brinz II (2) §§ 242. 337 b.

[3]) Puntschart 286. Ihering IV 402. Stitzing 177. Bekker V 359.

[4]) II 335.

[5]) Dies hat zuerst Stitzing wirklich betont, während Ihering l 8 pr gänzlich aufser Acht läfst.

Kaufobjects ist schon durch die generische Bezeichnung gegeben. Zudem aber erfordert die Perfection, dafs der Gegenstand des Geschäftes auch in absolut concreter und individueller Bestimmtheit zum Dasein gelange, d. h., dafs er sich als der nunmehr einzig mögliche Gegenstand der Erfüllung darstelle.[1]) Die Concentration des Rechtsverhältnisses auf ein Individuum, die Auflösung des Kaufs in einen Specieskauf ist der Moment, welcher nach der positiven Vorschrift der Paulinischen Regel die Gefahr auf den Käufer überträgt; jede Theorie aber, welche hiervon ihren Ausgang nimmt, ist eine Ausscheidungstheorie.[2 3])

Gegen diesen Ausgangspunkt selbst wendet sich Ihering (JB IV) mit dem doppelten Einwande, dafs einseitige Ausscheidung nicht genüge, und dafs Ausscheidung zur Erfüllung überhaupt nicht immer erforderlich sei. Der erste trifft nur den von Thöl vertretenen Standpunkt, während der zweite auch gegen die Ausscheidungstheorie in unserem Sinne gerichtet ist.

Wenn Ihering (384) behauptet, dafs bei der Genusobligation das eigentliche Schuldobject ein genus, nicht eine species bildet, so ist dies insoweit zuzugeben, als der obligatorische Nexus sich auf kein bestimmtes Individuum bezieht. Andererseits ist doch auch von Anfang an sicher, dafs die Leistung sich schliefslich auf eine species richten wird, denn natürlich bildet nur eine solche den möglichen Gegenstand der Erfüllung: es ist gewifs, dafs eine species, ungewifs nur, welche species, geschuldet wird.[4]) Es ist ferner auch zuzugeben, dafs die Auflösung in die Speciesschuld erst dann eintritt, wenn sie logisch notwendig ist, d. h. wie auch hier ausgeführt werden soll, normalerweise mit und in der Lieferung. Zu leugnen ist jedoch durchaus, dafs eine Lieferung, also die Erfüllung, möglich ist ohne Ausscheidung. Wenn wirklich, wie in dem Iheringschen Beispiele, die ungetrennte Verladung der an mehrere Käufer verkauften Ware genügen soll, um die Gefahr auf diese pro parte zu übertragen, dann mufs ein derartiger Erfüllungsmodus entweder ausdrücklich oder stillschweigend gemäfs bestehendem Geschäftsgebrauch genehmigt worden sein. Wenn aber der Käufer nicht in dieser Weise nach dem Inhalt des Vertrages die Verpflichtung übernommen hat, etwas für Erfüllung

---

[1]) Ob apparet blos das Feststehen, wie Regelsberger Krit. 116 und Puntschart 284 behaupten, oder nach Stintzing das concrete Klarsein für die sinnliche Wahrnehmung bedeutet, ist hiernach unerheblich. Denn wenn es nur absolut feststeht, dafs dies und kein anderes Object der Erfüllung sein soll, dann mufs dies auch zum concreten Dasein gelangt sein.

[2]) Bekker V 389. Gareis 640.

[3]) Gegen Mommsens Lehre (I 341), dafs die Ausscheidung Bedingung des Vertrages sei, s. Regelsberger Archiv 180. Hofmann 128. Bekker V 368. 398.

[4]) Bekker V 352 f. 381.

gelten zu lassen, was in Wahrheit keine Erfüllung ist, dann würde eine solche Lieferung, insoweit sie vom Zufall betroffen wird, den Verkäufer nicht einmal von seiner Verbindlichkeit befreien:[1]) noch viel weniger kann sie die Gefahr auf den Käufer übertragen. In letzterer Beziehung steht der Iheringschen Theorie die positive Vorschrift der 1 8 pr entgegen, da diese Stelle Individualisierung des Kaufobjects zum Gefahrsübergang erfordert. Das gleiche positive Erfordernis der Quellen schützt auch die Ausscheidungstheorie gegen den Vorwurf Iherings;[2]) falls es nur auf die Gewifsheit ankäme, ob das geschuldete Stück wirklich untergegangen sei, dann müfste beim Genuskauf ex certo die Gefahr mit dem Untergang des ganzen Genus übergehen. Die Gefahr geht eben trotz dieser Gewifsheit nicht über, weil das Rechtsverhältnis der erforderlichen Concentration ermangelt.

Nicht also deshalb ist die Ausscheidung das bestimmende Moment, weil sie zufällig mit der Tradition zusammenfällt, sondern eine Ausscheidung vor der Tradition genügt normalerweise nur deshalb nicht, weil sie ihre Aufgabe der Concentration zu erfüllen nicht im Stande ist. Daraus erklärt es sich, dafs die Stellen den Gefahrsübergang bei der Genusobligation und bei der emtio ad mensuram an die Tradition knüpfen.

Wenn aber auch, wie Ihering zuzugeben ist und wie Thöl gegenüber erwiesen werden soll, der rein generische und durch keine Nebenabrede modificierte Kauf einer Concentration vor der Tradition keinen Raum läfst, so würde doch gewifs auch Ihering die Möglichkeit einer solchen durch Verabredung nicht bestritten haben.[3]) Eine vertragsmäfsige Specialisierung des Genuskaufs kann beim Vertragsabschlufs sogleich vorgesehen sein; die Concentration kann auf die Wahl eines Dritten gestellt sein, und dann gilt die Ausübung dieser Wahl als Bedingung der Perfection und damit des Gefahrsüberganges.[4]) Sie kann aber auch ausdrücklich der Wahl eines der Contrahenten anheimgegeben sein; eine solche Verabredung würde den gemischt generischen Kauf zum alternativen machen; beim rein generischen aber ist sie auch unter Wahrung des generischen Charakters denkbar. Das Entscheidende ist in diesem Fall die Vornahme der Wahl gemäfs dem verabredeten Modus der Wahlausübung, eventuell aber die Consumtion des Wahlrechts nach allgemeinen Grundsätzen.

Eine derartige Concentration durch Parteiabrede kann ferner auch erfolgen, ohne beim Contractsschlufs vorgesehen zu sein. Die Specialisierung des Kaufgegenstandes kann ausdrücklich durch Übereinkunft

---

[1]) Thöl § 260 Nr. 3. Bekker V 389. Vgl. Entsch. des ROHG. XXII, 285 ff.
[2]) 394. 395.
[3]) Dieser Einwand Bekkers gegen die Lieferungstheorie ist also nicht durchgreifend.
[4]) So in Bekkers Beispiel. Regelsberger Arch. 186. § 1 J 3, 23 1 15 C 4, 38.

stattfinden. In vielen Fällen wird sie als stillschweigend geschehen gelten müssen: so wenn die Ausscheidung durch den einen Contrahenten in Gegenwart des anderen erfolgt. Dafs ein derartiger Akt immer für beide Teile bindend sei, hat Regelsberger[1]) behauptet. Ihm hält Stintzing (181) wohl mit Recht entgegen, dafs möglicherweise der Käufer seinen Partner nur kontrollieren und durch seine Billigung nur erklären will, dafs ihm die gewählten Stücke genehm seien, falls sie ihm wirklich geliefert würden.

Trifft der Verkäufer nur einseitig die Wahl, und macht er dem Käufer hiervon in der Weise Mitteilung, dafs sich dessen Bewufstsein auf die gewählten Individuen richten kann, so enthält eine solche Anzeige die Offerte einer vertragsmäfsigen Individualisierung des Rechtsverhältnisses. Die Wirksamkeit derselben hängt von der Annahme ab, und ob diese auch stillschweigend erklärt werden kann, mufs nach den allgemeinen Grundsätzen über stillschweigende Willenserklärungen beurteilt werden.[2])

Die blofse Anzeige aber, dafs ausgeschieden sei, welche den Käufer über das ausgeschiedene Individuum völlig im Unklaren läfst, kann eine derartige Wirkung nicht haben. Dadurch wird die Möglichkeit dieser Fälle eine sehr beschränkte.

Auch in jenen Fällen sind nicht mehr die Normen über das Wahlrecht entscheidend, sondern vielmehr die allgemeinen Vertragsgrundsätze über nachträgliche modificierende Nebenabreden. Noch viel weniger können diese da mafsgebend sein, wo der Kauf durch keinerlei ursprüngliche oder nachträgliche Übereinkunft seinen rein generischen Charakter eingebüfst hat.

Den entgegengesetzten Standpunkt nimmt Regelsberger ein, indem er grundsätzlich die Entscheidung der Frage auf die bindende Ausübung des Wahlrechtes seitens der wahlberechtigten Partei, also im Zweifel des Verkäufers stellt.[3]) Seine Darstellung leidet durchweg an dem Fehler, dafs er den reinen Genuskauf von dem durch Nebenabreden modificierten nicht trennt.[4]) Das Wahlrecht des Verkäufers ist ein Recht und zwar ein solches, das faktisch auch darin liegt, dafs sich der Käufer mit der rein generischen Bestimmtheit des Kaufobjectes zufrieden giebt; welches aber um seine specifischen Folgen, nämlich die Concentration des Rechtsverhältnisses durch möglicherweise einseitigen Akt auszuüben, dem Verkäufer ausdrücklich eingeräumt sein mufs, und zwar entweder in der Form der alternativen Obligation oder durch ausdrückliche Vereinbarung bei Abschlufs des

[1]) Archiv 207. Vgl. Thöl § 264.

[2]) So Bekker 383. Dagegen Hofmann 127. Stintzing 185 macht auch hier den obenerwähnten Vorbehalt.

[3]) Ihm folgen Hofmann 129. Eck Gattungskauf 9.

[4]) Stintzing 180. Puntschart 281.

Vertrages. In diesen beiden Fällen ist dem Verkäufer das Recht gegeben, zu wählen, was er schuldig sein will; bei dem rein generischen Kauf aber kann er nur wählen, was er leisten will.[1]) Einseitige Ausübung einer Wahl[2]) kann daher beim generischen Kauf die Concentration selbst dann nicht bewirken, wenn sie den Verkäufer bindet. Denn dieser hatte kein Recht zur Wahl, und in contractlichen Verhältnissen kann keine Partei eigenmächtig die Befugnisse der anderen irgendwie schmälern.

Das gleiche Bedenken ist das Hauptargument gegen diejenigen Theorien, welche einseitige Ausscheidung zum Gefahrsübergang für ausreichend halten. Der Heyersche Versuch in dieser Richtung bedarf keiner Widerlegung.[3]) Wissenschaftliche Begründung hat die Ausscheidungstheorie in diesem Sinne erst durch die vorzügliche Darstellung Thöls gefunden.[4])

Thöl verlangt eine so genaue Anzeige des Verkäufers über die Ausscheidung, dafs der Käufer den Beweis der Identität mit Bezug auf diese Anzeige führen kann. Er hat später eingeräumt, dafs der Bericht nicht genügt, um den einseitigen Akt zu einem zweiseitigen zu machen; aber da der Käufer sich doch jede contractmäfsige Lieferung gefallen lassen müsse, und es sonach auf seinen Willen garnicht ankomme, so meint er, dafs von seiner Seite ein Wissensakt ausreiche, um die Gefahr auf ihn zu übertragen. Dazu sei Empfang der Nachricht erforderlich.

Giebt Thöl hiermit zu, dafs der Käufer der Ausscheidung nicht widersprechen kann, dafs ihm sonach die Hände völlig gebunden sind, dann scheitert die ganze Theorie an der Frage, wie es denkbar ist, dafs in einem zweiseitigen Vertrage der eine Contrahent rein aus eigener Machtvollkommenheit wirksam einen Akt vornehmen kann, welcher die Rechte seines Mitcontrahenten nach seinem Belieben beeinträchtigt.[5]) Eine solche Befugnis besteht nur da, wo sie dem Verkäufer ausdrücklich eingeräumt ist oder durch Consens des Käufers bestätigt wird. Sonst aber ist die Ausscheidung nichts als die thatsächliche Vorbereitung der Lieferung; die Wirkung der Concentration aber, das apparet, quod veniit folgt aus ihr nicht, denn sie zeigt nur,

---

[1]) Ihering IV 410: Bei generischer Bestimmtheit ist die Obligation nicht auf die Wahl, das Mittel, sondern auf das Resultat gestellt. Vgl. Stintzing 177. Gareis 642 und Anm. 21. Hanansek I 102.

[2]) Regelsb. (Arch. 209) fordert nur Absendung der Erklärung.

[3]) ZS für Civilr. und Prozessr. n. F. 15 S. darüber Ihering IV Note 24.

[4]) Ihm folgen Vangerow III 433, Förster Preuss. Privatr. II 119 ff. u A. Auch nach Brinz II (2) § 243 Anm. 10 genügt das admunerare ohne Tradition beim Genuskauf ex certo, während beim rein generischen Kauf die Gefahr erst mit der Lieferung übergeht (§ 242).

[5]) Bekker V 383.

was der Verkäufer leisten will, nicht auch was er von nun an allein zu leisten gehalten ist.[1])

Es wird ferner der Ausscheidungstheorie mit Recht entgegengehalten, dafs sie die Frage nach dem „Wann" und „Wie" der Ausscheidung offen lasse und so auch in dieser Hinsicht dem Verkäufer die Befugnis gebe, die Lage des Käufers billig zu verschlechtern;[2]) und endlich, dafs die nicht acceptierte einseitige Erklärung danach die Gefahr zwar auf den Käufer übertrage, aber den Verkäufer nicht zur Lieferung des ausgeschiedenen Objects verpflichte.[3])

Der reine Genuskauf bietet also vor der Erfüllung kein Moment dar, welches seine Auflösung in einen Specieskauf zu bewirken imstande wäre. Die Opposition, welche Ihering (384) gegen die Annahme macht, als wenn das Geschäft zwei Stadien, eins der generischen und eins der speciellen Bestimmtheit durchlaufe, ist demnach in vollem Mafse berechtigt. Die Concentration tritt erst in dem Momente ein, wo sie logisch notwendig ist, d. h. mit der Erfüllung, denn die Erfüllung kann sich nur auf eine Species richten.[4]) Erfüllung aber ist beim Kauf Tradition, und die Tradition bezeichnet daher auch den Moment des Gefahrsüberganges.

l 2 C 4, 48.

Cum convenit, ut singulae amphorae vini certo pretio veneant, antequam tradantur, imperfecta etiam tunc venditione periculum vini mutati emptoris, qui moram mensurae faciendae non interposuit, non fuit. 1. Cum autem universum quod in horreis erat postea venisse sine mensura et claves emptoribus traditas adlegas, perfecta venditione quod vino mutato damnum accidit, ad emptorem pertinet.

Dafs die Stelle von dem Falle spricht, wo nicht ein ganzes Lager, sondern einzelne rein generisch bestimmte Quantitäten Gegenstand des Geschäftes sind, folgt bei unbefangener Betrachtung aus dem Gegensatz des folgenden Paragraphen: Cum autem universum quod in horreis erat. Das autem auf das sine mensura zu beziehen, geht bei der Wortstellung kaum an. Die Stelle lehrt also, dafs beim Genuskauf die Gefahr bis zur Tradition beim Verkäufer bleibe. Ebenso stellen die oben citierten ll 12—14 § 1 D ht den Gefahrsübergang auf die Tradition.

l 35 § 7 D 18, 1 Gaius:

Sed es si ex doleario pars vini venierit, veluti metretae centum, verissimum est . . . antequam admetiatur, omne periculum ad venditorem pertinere; nec interest, unum pretium omnium metretarum in semel dictum sit an in singulos eos. Vgl. l 35 § 5 eodem.

---

[1]) Stintzing 184.
[2]) Hofmann 122, 123. Regelsberger Arch. 196.
[3]) Bekker V 383. Ihering IV 418.
[4]) Kohler JB für Dogm. 17, 395. Ausscheidung genügt nur bei mora accipiendi.

l 5 D ht. Paulus.

. . . si verbi gratia amphorae centum ex eo vino, quod in cella esset, venierint, si admensum non est, donec admetiatur, omne periculum venditoris est, nisi id per emptorem fiat.

Vgl. l 1 § 1 eodem.

Hier wird also gelehrt, daſs die Gefahr mit dem admetiri, bezw. adnumerare auf den Käufer übergehe.

Was tradere bedeutet, steht fest, was admetiri bedeutet, kann zweifelhaft sein. Wenn daher Thöl[1]) meint, tradere sei hier nur mit admetiri, d. h. ausscheiden indentisch, so entgegnet ihm Ihering (IV 392) mit Recht, er bestimme den Wert der gegebenen Gröſse nach dem der zu suchenden. Vielmehr bedeutet admetiri in diesen Stellen: dem anwesenden Käufer zumessen, d. h. tradieren, und dieser Ausdruck ist hier nur deshalb gebraucht, weil bei der Natur des Objects die zur Tradition notwendige Ausscheidung nur in der Form des Messens möglich ist. Beweisend für die Identität der beiden Ausdrücke ist vornehmlich l 2 C. cit., welche von Tradition und gleichzeitig von mora mensurae faciendae spricht. Denn handelte es sich hier nur um das Recht des Käufers, der Zumessung beizuwohnen, dann wäre sein Ausbleiben nur Verzicht auf dieses Recht, aber kein Verzug. Mora mensurae faciendae bedeutet hier vielmehr nichts anderes, als mora accipiendi, Ausbleiben bei der Tradition.[2])

Die zuletzt citierten Stellen erbringen ferner vollen Beweis dafür, daſs auch beim Genuskauf ex certo, von welchem sie beide unzweifelhaft handeln, die Gefahr bis zur Ausscheidung, d. h. also bis zur Tradition, beim Verkäufer bleibt.

Damit ist auf Grund der l 8 pr und in Übereinstimmung mit den speciellen Quellenentscheidungen als Princip festgestellt, daſs beim Genuskaufe die Gefahr erst mit der Tradition übergeht. Aber die bedingungslose Durchführung dieses Satzes würde in einem Falle zu einer Entscheidung führen, welche in Widerspruch sowohl mit der Billigkeit, als mit den Anschauungen des Verkehrs steht. Es ist dies der Fall des Distancekaufs, bei welchem nach diesem Satz der Käufer von der Gefahr des Transportes frei wäre. Die Stellen geben über diese Frage keine Auskunft, da sie nur von Erfüllung inter praesentes sprechen, und hier Tradition und Ausscheidung zusammenfällt. Die mannigfachen Versuche, diese Schwierigkeiten zu lösen, gehen in zwei Richtungen auseinander: einig sind sie alle in dem Bestreben, den Gefahrsübergang in den Moment der Absendung, d. h. der Übergabe an die zum Transport bestimmte Person oder Anstalt zu

[1]) § 264 Anm. 4.

[2]) Ihering IV 393.

verlegen.[1]) Die einen suchen dies dadurch zu vermitteln, daſs sie das Absenden als Erfüllung construieren; die anderen sehen darin eine bindende Ausscheidung. Unsere Aufgabe muſs es sein, nachzuweisen, daſs es beide Wirkungen in sich enthält.

Das Allgemeine Landrecht (I, 11 § 128) erklärt die Tradition mit der Absendung für vollendet; dasselbe lehrt M. Pöhls (Handelsr. I, 195) mit Beschränkung auf die Gefahrfrage, indem er ausführt: verladen auf Rechnung des Käufers übertrage den juristischen Besitz nur für den Übergang der Gefahr. Für das gemeine Recht ist jedoch die Annahme einer Tradition, welche keinen Besitz überträgt, nicht durchzuführen.[2])

Bekker hält zwei Anschauungen für möglich: einmal könne man mit der Absendung ein constitutum possessorium annehmen, welches den Besitz auf den Käufer überträgt, und wobei der Verkäufer als Mandatar des letzteren handelt. Ferner sei aber eine Tradition denkbar, bei welcher Hingabe und Annahme zeitlich auseinander fallen. Eine solche Hingabe könne in der Übergabe an eine Mittelsperson, welche weder namens des Verkäufers zu übergeben, noch namens des Käufers anzunehmen befugt sei, gesehen werden.[3])

Bekker selbst entscheidet sich für keine dieser beiden Constructionen. Der ersten steht entgegen, daſs ein constitutum im Moment der Absendung ein ausdrücklich darauf gerichtetes Rechtsgeschäft erfordern würde, und ein solches wird wohl erfahrungsmäſsig nie vorhanden sein.[4]) Für die zweite giebt Bekker (387) selbst zu, daſs Besitz und Eigentum bis zur Annahme beim Tradenten verbleiben. Ist danach die Tradition erst mit dem Zulassen der Hinnahme durch den Accipienten vollendet, dann ist jene vorhergehende Hingabe ein rechtlich unerheblicher, die Erfüllung nur thatsächlich vorbereitender Akt.

Ihering (418) geht davon aus, daſs Absendung zwar nicht Tradition, aber doch genügende Erfüllung sei, da der Verkäufer damit alles, was ihm oblag, gethan hat;[5]) er läſst also eine kaufrechtliche solutio ohne Tradition zu.

Dies ist mit Recht bestritten worden. Daſs die gesetzliche Verpflichtung des Verkäufers in der Tradition besteht, ist in einschlägigen Quellenstellen mit genügender Klarheit hervorgehoben,[6]) und die Beispiele, welche Ihering für die Möglichkeit einer Erfüllung ohne Tradi-

---

[1]) Anders Mommsen I 97 f.
[2]) Ihering IV 394, Thöl l. c. S. 860.
[3]) S. 380 ff.
[4]) Gegen das constitutum Ihering 429, Regelsberger Archiv 194.
[5]) Vgl. Eck Gattungskauf 9, Kauf (2) 11.
[6]) § 3 J 3. 23 l 1 pr l 3. l 8. l 11 §§ 3, 13. l 25 D 19, 1 l 33 D 21, 2. Goldschmidt HB. S. 632 Anm. 43. Regelsberger XIII 118. Puntschart 281, Thöl 860.

tion anführt,[1]) sind sämtlich derart, dafs der Verkäufer in ausdrücklichem Auftrage als Vertreter des Käufers handelt.

Ebensowenig aber wie der Absendungsakt als solcher Erfüllung ist, ebensowenig kann er als genügende, d. h. beide Teile bindende Ausscheidung angesehen werden: und zwar aus dem einfachen Grunde, weil trotz der Absendung dem Verkäufer das freie Widerrufsrecht erhalten bleibt.

Der Regelsbergersche Versuch endlich, die Absendung als bindende Ausübung des Wahlrechtes darzustellen, steht und fällt mit der Wahltheorie selbst.

Sämtliche eben besprochene Versuche gehen darin fehl, dafs sie die Wirkung, welche der Akt der Absendung unzweifelhaft enthält, aus der Natur der Absendung als solcher zu begreifen suchen. Dafs die Absendung beim Distancekauf die Gefahr auf den Käufer überträgt, das drängt sich unserem Rechtsgefühl mit gebieterischer Macht auf. An sich aber ist sie weder Tradition noch Erfüllung noch Ausscheidung. Die Wirkung jedoch, welche der Akt seiner eigenen Natur nach nicht hat, die wohnt ihm beim Kauf bei kraft der auf Erfüllung inter absentes gerichteten Parteiabsicht. An sich ist der Verkäufer nie zum Schicken verpflichtet; eine Pflicht hierzu kann nur begründet werden durch ausdrückliche oder stillschweigende Übereinkunft unter den Parteien.[2]) Hat nun der Käufer seinen Partner durch eine derartige Abrede zu einem über seine principalen Verpflichtungen hinausgehenden Aufwand von Zeit und Mühe veranlafst, dann erklärt er seinerseits auch, als Aequivalent hierfür mit etwas Geringerem zufrieden zu sein, als er eigentlich zu fordern berechtigt wäre; er verzichtet auf die Tradition seitens des Verkäufers, damit zugleich auch auf dessen custodia bis zur Tradition, und erklärt, etwas für Erfüllung gelten zu lassen, was eigentlich keine Erfüllung ist. Dadurch übernimmt er stillschweigend die Gefahr während der Zeit des Transportes, vorausgesetzt, dafs der Verkäufer durch die Art und Weise der Versendung seine contractliche Sorgfalt gewahrt hat.[3])

Aus dieser Interpretation des Parteiwillens folgt von selbst, dafs jene Wirkung erst mit dem Moment der vollendeten Versendung, d. h. der Übergabe an die zum Transport bestimmte Person oder Anstalt

---

[1]) Fliegenlassen des verkauften Vogels, Wegwerfen verdorbener Fische.

[2]) Ihering IV 428. Bekker 384.

[3]) Wie hier Stintzing 206, Bekker 386. Schon Carpzov (op. decis. S. 304 dec. 131) nimmt mit Rücksicht auf kaufmännische Verhältnisse ein pactum de emendo et sustinendo periculo an. — Dernburg (Privatr. 3. Aufl. II 353 Anm.) beruft sich auf das kaufmännische Gewohnheitsrecht. Puntschart sieht in dem Senden die bethätigte Traditionsbereitschaft, für welche die Ausscheidung nur thatsächlich erheblich sei. 287, 284.

eintritt; denn der Anfang der Vorbereitungen, das Aussuchen, Verpacken und Signieren der Ware kann als Erfüllung auch nicht in diesem Sinne angesehen werden.[1])

Aber auch für den Verkäufer folgt aus jener Abrede die Verpflichtung, seinerseits die Absendung als Erfüllung gelten zu lassen; dem Käufer gegenüber verzichtet er dadurch auf das Recht, die einmal geschehene Absendung zu widerrufen.[2]) Seinem Mandatar, der Post oder dem Frachtführer gegenüber, steht ihm dies Recht auch fernerhin zu, aber der Käufer erwirbt durch die einmal geschehene Versendung die Befugnis, nur diese Ware als Erfüllung annehmen zu brauchen.

Beim Holen und Bringen ist Tradition an den Käufer oder seinen Vertreter persönlich verabredet. Erst die Tradition oder eventuell die mora des Käufers überträgt daher die Gefahr.[3])

Die Resultate, zu denen die vorhergehende Entwicklung geführt hat, sind also kurz folgende:

Der Gefahrsübergang beim Genuskauf erfordert eine genügende Ausscheidung des Leistungsgegenstandes. An sich erfolgt diese erst in der und durch die Tradition. Sie ist aber auch möglich durch Parteiübereinkunft entweder bei oder nach Vertragsabschlufs; beim Distancekauf endlich liegt sie in der Absendung kraft eines auf die Art der Erfüllung und damit indirekt auf den Gefahrsübergang gerichteten Nebenvertrages.

Im Anschlufs an den Genuskauf pflegt der interessante Fall des

§ 16. Kaufes der Quote eines Ganzen

besprochen zu werden.

Hier mufs man mit Bekker (367, 368) streng unterscheiden, ob die Parteien wirklich eine pars quota des Ganzen im Auge hatten oder nicht. Ersteres ist aber nur dann der Fall, wenn Gegenstand des Geschäftes ein jener pars quota entsprechendes Teilrecht am Ganzen ist. Es handelt sich hier also um den Kauf eines Rechtes; dieses Recht ist aber als solches individuell bestimmt, also eine species[4]) und deshalb ist der Kauf sogleich perfect und durch Tradition des Teileigentums erfüllbar. Die Gefahr geht daher auch mit dem Abschlufs

---

[1]) Vgl. Ihering 429—431.

[2]) Auch Bekker (385) gründet dies auf den präsumtiven Parteiwillen.

[3]) Über das Einzelne bezüglich der Parteiabsicht s. Ihering 421—425, dem Bekker 383 und Puntschart 289 beistimmen.

[4]) So Ihering 409, während Bekker 400 leugnet, dafs das Geschäft ein Specieskauf sei, wenn er auch zugiebt, dafs es bezüglich der Gefahr diesem gleich zu behandeln sei. Meines Erachtens mufs man einen Specieskauf deshalb annehmen, weil das Recht auch nach der Erfüllung nichts anderes wird, als es vorher war, nämlich ein Teilrecht an einem Ganzen, dessen Object körperlich unausgeschieden ist und bleibt.

über, d. h die Quote des Käufers vermindert sich in demselben Verhältnisse, wie das Ganze.

Wollen die Parteien hingegen ein später real auszuscheidendes Quantum kaufen und verkaufen, welches nur vorläufig als Quote bezeichnet wird,[1]) dann beruht die ganze Frage auf der Interpretation des Parteiwillens. Hier liegt unzweifelhaft ein Genuskauf deshalb vor, weil es sich um ein körperlich zu tradierendes Object handelt, welches bisher noch der individuellen Bestimmtheit ermangelt. Quaestio facti ist zunächst, ob die Parteien das Ganze zur Zeit der Erfüllung oder zur Zeit des Abschlusses gemeint haben. Im ersteren Fall liegt bei fester Preisbestimmung die contractmäfsige Übernahme der Gefahr einer Verringerung des Ganzen vor; der Verkäufer braucht nur eine Quote des Ganzen, wie es zur Zeit der Tradition ist, zu leisten, der Empfänger aber mufs den ganzen Preis zahlen. Bei Preisbestimmung ad mensuram bleibt dem Käufer auch diese Gefahr erspart.[2]) Ist das Ganze zur Zeit des Abschlusses gemeint, dann wird oft die Obligation von vorneherein auf ein bekanntes Quantum gerichtet sein, welches nur der Kürze halber als Quote bezeichnet wird. Wer von einem Fafs, dessen Inhalt deutlich und allen sichtbar auf 100 l angegeben ist, die Hälfte kauft, der will eben nur 50 l kaufen; darin liegt aber eine einfache Genusobligation. So immer, wenn das Mafs des Ganzen den Parteien entweder beiden oder auch, falls auf diese Kenntnis Bezug genommen wird, nur einer von ihnen bekannt ist. Ist dasselbe aber unbekannt und der Preis pauschal bestimmt, dann übernimmt der Käufer zwar die Gefahr, sich in seiner mutmafslichen Schätzung geirrt zu haben, nicht aber die Gefahr in unserem Sinne. Der Verkäufer mufs ein Quantum leisten, welches der Quote zur Zeit des Abschlusses entspricht. War der Preis sogleich fest bestimmt, dann kann der Käufer entsprechende Preisminderung verlangen, wenn ein der ganzen Quote entsprechendes Quantum nicht geleistet werden kann. Bei Preisbestimmung ad mensuram hat er so wie so nur soviel zu bezahlen, als ihm thatsächlich geliefert worden ist. Nur in diesem und in dem vorhererwähnten Fall liegt eine emtio ad mensuram vor, denn das Wesen einer solchen beruht nicht auf der Notwendigkeit einer Messung überhaupt, sondern nur einer Messung zum Zwecke der Preisermittelung. Wenn daher Bekker (401) für die sämtlichen Fälle allein auf die emtio ad mensuram verweist, so übersieht er die in dem Vorhergehenden dargestellten Verschiedenheiten.

β) *Der alternative Kauf.*

§ 17. Der alternative Kauf ist der zweite und letzte Fall, in welchem die Unbestimmtheit des Kaufobjects zwar die Entstehung des

---

[1]) Diesen Fall bespricht Ihering gar nicht.

[2]) Der einzig denkbare Fall einer emtio ad mensuram bei generischem Object.

concreten Rechtsverhältnisses nicht hindert, aber die Perfection und damit den Gefahrsübergang aufschiebt. Zwar umfaſst der obligatorische Nexus die Objecte der Wahl hier in anderer und engerer Weise, als bei der generischen Obligation, und zwar so, daſs von ihnen gesagt wird, sie seien sämtlich in obligatione.[1] Aber die Unbestimmtheit bezüglich des zu leistenden Gegenstandes, also des Gegenstandes, auf welchen sich einmal das perfecte Rechtsverhältnis beziehen wird, ist hier noch eine erheblich gröſsere als bei generischen Obligationen. Einmal schon deshalb, weil die verschiedenen Objecte der Alternative oft gar nicht derselben Gattung angehören; aber auch letzteres vorausgesetzt, so wurde schon oben ausgeführt, daſs bei der Genusobligation die Gleichgiltigkeit gegen das Individuum, bei der alternativen hingegen gerade die Bedeutung, welche die Parteien auf die individuellen Verschiedenheiten legen, Grund der respectiven Bestimmungsart ist. Deshalb wird auch die alternative Obligation, in welcher das Wahlrecht dem Schuldner zusteht, als stipulatio incerti in l 75 § 8 D 45, 1 bezeichnet.

Die Unbestimmtheit wird erst gehoben mit der Concentration des Rechtsverhältnisses auf ein Object; diese Concentration ist die Grundlage der Perfection und des Gefahrsüberganges. Sie tritt ein:[2]

1) Durch Leistung, 2) durch Vertrag, 3) durch Proceſsbeginn, wenn der Gläubiger die Wahl hat und einen bestimmten Gegenstand fordert, 4) durch bindende Ausübung des Wahlrechts von seiten des Wahlberechtigten. Hierüber ist folgendes zu sagen:[3]

Rein einseitiges Wahlrecht kann der einen Partei durch den Vertrag gegeben sein. Einen solchen Fall enthält l 11 § 1 D 30, in welchem dem Erben Wahl des Legates am Tage der Testamentseröffnung gegeben ist. l 112 pr D 45, 1 giebt für den Fall, daſs dem Gläubiger die Wahl zusteht, die bekannte Interpretationsregel, daſs der Ausdruck quem voluero beim Vertragsschluſs bedeute, die einmal getroffene Entscheidung sei unwiderruflich, während die Formel quem velim die Willensänderung gestatte.

Die einmal getroffene Wahl ist ferner dann bindend, wenn sie dem Gläubiger gegenüber erklärt und von diesem ausdrücklich oder stillschweigend acceptiert worden ist.[4] Solche spätere vertragsmäſsige

---

[1]) Dies tritt besonders in den Fällen, wo der Gläubiger die Wahl hat, hervor. S. auch l 128 D 45, 1. Windscheid II § 255 Anm. 5.

[2]) Windscheid l. c.

[3]) Die Litteratur s. bei Windscheid ibid. Anm. 9.

[4]) Mehr sagen auch Ihering (JB I 31—33) und Demelius 37 nicht; letzterer gestattet ein Variationsrecht trotz erklärter Wahl nur bei Stipulationen und Legaten mit electio nominatim data (21 ff.) Im Resultat wohl auch Vangerow § 569 wie hier.

Concentrationen des Rechtsverhältnisses werden als bindend dargestellt in

l 27 § 6 D 2, 14,

l 25 pr D 13, 5.[1])

Einseitige Erklärung des Wahlwillens aber ist weder bindend noch berechtigend für eine der Parteien, und zwar deshalb nicht, weil nach den gemeinrechtlichen Grundsätzen über contractliche Rechte und Pflichten für eine rein einseitige Erklärung eine solche Wirkung nicht zu construieren ist.[2]) Deshalb ist es dem Schuldner gestattet, seinen Willen bis zur wirklichen Leistung zu ändern.

l 138 § 1 D 45, 1 Venuleius:

Cum pure stipulatus sum illud aut illud dari, licebit tibi, quotiens voles mutare voluntatem in eo quod praestaturus sis, quia diversa causa est voluntatis expressae et eius quae inest.

l 106 D eod. Javolenus:

... tam diu autem voluntas promissoris in pedenti est, quamdiu id quod promissum est solvatur.

Der Gegensatz der voluntas expressa und ea qui inest bezieht sich darauf, ob der Entschluſs des einen Teils dem anderen mitgeteilt ist oder nicht.

Selbst teilweise Leistung des einen Objects der Alternative concentriert die Obligation nicht.

l 17 D 46, 4 Ulpianus:

Qui hominem aut decem stipulatus est, si quinque accepto fecerit, partem stipulationis peremit et petere quinque aut partem hominis potest.

l 26 § 13 D 12, 6 l 2 § 1 D 45, 1 l 21 § 6 D 19, 1.

Diesen Stellen stehen gegenüber:

l 84 § 9 D 30 Julianus:

'Stichum aut Pamphilum utrum heres meus volet, Titio dato.' Si dixerit heres, Stichum se velle dare, Sticho mortuo liberabitur. Cum autem semel dixerit heres, utrum dare velit, mutare sententiam non poterit.

l 95 pr D 46, 3 Papinianus:

'Stichum aut Pamphilum, utrum ego velim, dare spondes?' altero mortuo qui vivit solus petetur, nisi si mora facta sit in eo mortuo quem petitor elegit; tunc enim perinde solus ille qui decessit praebetur ac si solus in obligationem deductus fuisset.

---

[1]) Hier hat doch offenbar der Schuldner das Wahlrecht, denn sonst hätte der Gläubiger kein Interesse daran auszumachen ne decem ei sed Stichus praestetur. Anders Regelsberger Arch. 206. Für Fälle, wo das Wahlrecht dem Gläubiger zusteht: l 22 D 16, 2 l 20 D 33, 6.

[2]) Windscheid l. c. Anm. 9. Anders Regelsberger Arch. 209, welcher Absendung der Erklärung für ausreichend hält.

Aber diese und ähnlich redende Quellenstellen machen deshalb keine Schwierigkeit, weil sie ja nicht ausdrücklich sagen, die Wahl könne einseitig erklärt werden, sondern nur die Entscheidung davon abhängig machen, ob eine Wahl vorgenommen ist oder nicht. Wann aber die Wahl als vorgenommen gilt, mufs nach dem oben Dargestellten beurteilt werden.

5) Endlich wird die Concentration auch dadurch bewirkt, dafs durch Zufall nur noch die Leistung des einen Objects möglich bleibt.

l 2 § 3 D 13,4 Ulpianus:

... et ideo cum quis Stichum aut Pamphilum promittit, eligere posse quod solvat, quamdiu ambo vivunt: ceterum ubi alter decessit, extingui eius electionem, ne sit in arbitrio eius an debeat, dum non vult vivum praestare, quem solum debet ...

l 16 pr D 45,1.

Für den Kauf folgt hieraus der wichtige Satz, dafs der Käufer stets die Gefahr eines Objects trage, wenn sämtliche Gegenstände der Alternative untergegangen sind.[1])

l 34 § 6 D 18,1 Paulus:

Si emptio ita facta fuerit: ‚est mihi emptus Stichus aut Pamphilus' in potestate est venditoris, quem velit dare, sicuti in stipulationibus, sed uno mortuo qui superest dandus est: et ideo prioris periculum ad venditorem, posterioris ad emptorem respicit. Sed et si pariter decesserunt, pretium debebitur: unus enim utique periculo emptoris vixit. Idem dicendum est etiam, si emptoris fuit arbitrium quem vellet habere ...

Dies Princip stellt sich in den einzelnen nunmehr zu erörternden Fällen wie folgt dar:[2])

1) Die erste Sache geht durch Zufall unter.

a) Für den Fall, dafs der Verkäufer die Wahl hat, ist hier vielfach behauptet worden, dafs es ihm auch nachher freistehe, an Stelle der übrig gebliebenen Sache die aestimatio der untergegangenen zu leisten.[3])

---

[1]) Dies erklärt Puntschart 301 daraus, dafs der Käufer, wenn er mit der Alternative die Rechtsregel über das Wahlrecht des Schuldners zu Gunsten des Verkäufers eintreten läfst oder das Wahlrecht für sich selbst ausbedingt, selbst als causa efficiens des Aufschubes der sofortigen Tradition angesehen wird und somit auch hier der leitende Grundsatz zur Anwendung kommt. Vgl. 258. Die folgenden Fälle bespricht Puntschart überhaupt nicht, sondern nur die Frage der Gefahr nach erklärter Wahl. Auch hier stellt er die Entscheidung allein auf die effective Traditionsbereitschaft.

[2]) Der Einfachheit wegen wird im folgenden immer nur angenommen, dafs es sich um zwei Sachen handelt.

[3]) Zimmern Arch. für civ. Pr. I 23. Vangerow § 569. Mommsen I 310 ff. Windscheid l. c. Anm. 13. Fuchs 237.

Unzweifelhaft ist eine solche Befugnis in l 47 § 3 D 32 zu Gunsten des Onerierten bei Legaten anerkannt. Die Ausdehnung derselben auf die Stipulation und die anderen Schuldverhältnisse wird auf ein argumentum a contrario aus folgender Stelle gestützt.

l 95 § 1 D 45,1 Papinianus:

Quod si promissoris fuerit electio, defuncto altero qui superest aeque peti potest. Enimvero si facto debitoris alter sit mortuus, cum debitoris esset electio, quamvis interim non alius peti possit quam qui solvi etiam potest neque defuncti offerri aestimatio potest, si forte longe fuerit vilior, quoniam id pro petitore in poenam promissoris constitutum est, tamen, si et alter servus postea sine culpa debitoris moriatur, nullo modo ex stipulatu agi poterit, cum illo in tempore quo moriebatur non commiserit stipulationem. Sane quoniam impunita non debent esse admissa, doli actio non immerito desiderabitur....

Da hier das Recht, die aestimatio des untergangenen minderwertigen Sklaven an Stelle des am Leben bleibenden zu fordern, dem Schuldner nur zur Strafe dafür abgesprochen wird, dafs er den Untergang selbst verschuldet hat, so liegt der Schlufs nahe, dafs bei unverschuldetem Untergang der Schuldner diese alternative Befugnis hat.

Dieser Annahme stehen einmal diejenigen Stellen entgegen, welche eine Concentration der Obligation ohne jede Einschränkung lehren.[1]) Widerlegt aber wird sie durch

l 55 D 9,2 von Paulus:

Stichum aut Pamphilum promisi Titio, cum Stichus esset decem milium, Pamphilus viginti: stipulator Stichum ante moram occidit · quaesitum est de actione legis aquiliae · respondi: cum viliorem occidisse proponitur, in hunc tractatum nihilum differt ab extraneo creditor · quanti igitur fiet aestimatio, utrum decem milium, quanti fuit occisus, an quanti est, quem necesse habeo dare, id est quanti mea interest? et quid dicemus si et Pamphilus decesserit sine mora? iam pretium Stichi minuetur, quoniam liberatus est promissor? et sufficiet fuisse pluris cum occideretur vel intra annum. Hac quidem ratione etiamsi post mortem Pamphili intra annum occidatur, pluris videbitur fuisse.

Die Stelle spricht von einem Falle, wo der minderwertige Sklave durch Schuld des Gläudigers getötet worden ist: auch dann aber sagt sie von dem Schuldner, dafs er das andere Object leisten müsse; um wieviel mehr wird dies dann angenommen werden müssen, wenn der Untergang ohne Schuld des Gläubigers erfolgt. Dadurch aber, dafs der Jurist nicht ex professo von der alternativen Obligation, sondern nur vom Schadensersatze handelt, wird das Gewicht der Stelle eher gesteigert, als vermindert.[2]) Es handelt sich darum, das Interesse des

---

[1]) Dies giebt auch Mommsen I 310 zu.

[2]] Letzteres nimmt Vangerow III 23 (vgl. auch Mommsen I 23) an.

Schuldners festzustellen, und dies Interesse wird ermittelt auf Grund der Erwägung aller thatsächlichen und rechtlichen Verhältnisse zur Zeit des Unterganges. Nun wird die wichtige Entscheidung der Stelle gerade darauf gestützt, dafs der Schuldner den anderen Gegenstand leisten mufs, und es wird daraus gefolgert, dafs der Mehrwert des Überlebenden mit zu berücksichtigen sei. Diese Deduction aber wäre überflüssig, wenn dem Schuldner gestattet wäre, den Wert des Getöteten zu leisten.

Dieser Entscheidung kann l 95 § 1 deshalb nicht entgegen gehalten werden, weil sie selbst von dem Satze ausgeht, dafs der Untergang einer Sache die Concentration des Rechtsverhältnisses bewirkt. Wir müssen daher in dem streitigen Teil der Stelle eine überflüssige und irrige Begründung eines schon aus allgemeinen Principien folgenden Satzes sehen.[1])

Bei blofsen Deteriorationen soll der Verkäufer die bessere Sache geben.

l 33 § 1 D 46, 3 Julianus:

Qui Stichum aut Pamphilum dari promisit, si Stichum vulneraverat, non magis eum dando liberatur, quam si solum Stichum promisisset et a se vulneratum daret ..... Sed et ab alio vulneratum si det, condemnandus erit, cum possit alium dare. Hofmann 113.

b) Ebenso concentriert sich die Obligation auf das übriggebliebene Object wenn der Käufer die Wahl hat. l 34 § 6, l 95 pr. citt. Hofmann 115. Bei Deteriorationen ist er durch sein Wahlrecht geschützt.

2) Geht nun auch die zweite Sache zufällig unter, so ist der Käufer zur Zahlung des Preises verpflichtet, da er die Gefahr eines Objectes jedenfalls trägt.

l 34 § 6 cit.

3) Dasselbe ist der Fall, wenn der Käufer Schuld an dem Untergange des zweiten Objectes trägt.

4) Hat hingegen der Verkäufer die Schuld an dem Untergange der zweiten Sache, so ist er in sofern dem Käufer zum Schadensersatz verpflichtet, als er den Kaufpreis nur abzüglich des Wertes dieser Sache fordern kann.[2])

5) Wir gehen nun zu den Fällen über, in denen die erste Sache durch Schuld einer der Parteien untergeht.

a) Trägt der Verkäufer diese Schuld, so mufs er die zweite Sache

---

[1]) So Hofmann 112. Eine Vereinigung versucht Bekker 374, indem er dem Schuldner jene Befugnis giebt, wenn die untergegangene Sache non longe vilior war.

[2]) Anders natürlich die oben Citierten, Mommsen I 314, Fuchs 240, Vangerow III, 23. Hofmann lehrt: der Käufer könne das Interesse einklagen, das er an der Leistung der zweiten Sache hatte. Dies könnte doch nur für den Fall zugegeben werden, wenn er das Wahlrecht hat.

unbedingt dann leisten, wenn er das Wahlrecht hat. Eine facultas alternativa müssen hier auf Grund der l 95 cit. auch diejenigen leugnen, welche sie sonst zulassen.[1])

Geht nun aber auch diese zweite Sache casuell unter, so mufs der Käufer jedenfalls den Preis zahlen, aber nur gegen Ersatz des Schadens, welcher ihm durch die Schuld des Verkäufers erwachsen ist. Diese Schuld bestand darin, dafs er durch die Zerstörung des einen Objectes die Obligation der Gefahr der Aufhebung durch Unmöglichkeit näher brachte. Dieselbe äufsert ihre Wirkungen so lange nicht, als die Erfüllung noch möglich ist. Mit dem Augenblick der völligen Unmöglichkeit aber verpflichtet sie den Schuldner zum Ersatz des Interesses, welches der Käufer daran hat, dafs ihm der erste Gegenstand noch geliefert werden könnte.[2]) Er kann daher den Wert des ersten beanspruchen, der Verkäufer aber kann ihm an stelle dessen auch die aestimatio des zweiten anbieten, da er an dem Untergange dieses keine Schuld trägt, und so wird er im Resultat stets nur zum Ersatz des minderwertigen verpflichtet bleiben.[3]) Dieser Schadensersatzanspruch wird in l 95 § 1 durch die actio doli für die Stipulation vermittelt. In bonae fidei Rechtsverhältnissen ist jedoch unbedenklich die Contractsklage darauf zuzulassen.[4])

Wenn auch die zweite Sache durch Schuld des Verkäufers untergeht, so kann er nicht nur nicht Zahlung des Preises verlangen, sondern mufs dem Käufer auch das Interesse ersetzen. Seine Verpflichtung war auf die zweite Sache concentriert und er haftet nun bezüglich dieser wegen schuldhafter Unmöglichkeit.

b) Wenn der Käufer das Wahlrecht hat, so kann er in diesem letzten Falle bestimmen, für welche Sache ihm das Interesse ersetzt werden soll. Auch in den beiden vorhergehenden Fällen kann sein Wahlrecht durch die Schuld des Verkäufers nie verkümmert werden; es steht ihm daher frei, entweder die übriggebliebene Sache oder die aestimatio der ersten oder bei Untergang beider durch Schuld des Verkäufers die aestimatio der wertvolleren gegen Zahlung des Preises zu verlangen.[5]) Ist hingegen nur die erste culpa venditoris, die zweite aber casu untergegangen, so steht ihm nur das Recht zu, die aestimatio der ersten zu fordern, da bezüglich der zweiten der Verkäufer sich auf schuldlose Unmöglichkeit berufen kann.[6])

---

[1]) So Fuchs 238. Anders Vangerow; gegen diesen Fuchs 239, Mommsen I 315 Anm. 13.

[2]) Mommsen I 316, vgl. Hofmann 114.

[3]) Vangerow III 26, Fuchs 239.

[4]) Mommsen und Vangerow ll. cc., Fuchs 239, s. auch l 5 § 2 D 40. 9.

[5]) Fuchs 240, Mommsen I 115.

[6]) Mommsen 317 läfst ihn bei casuellem Untergange der zweiten Sache nur die aestimatio der ersten fordern.

6) Die Entscheidung der Fälle, in denen culpa emtoris in Betracht kommt, wird durch l 55 cit. gegeben.

a) Danach concentriert Untergang der ersten Sache bei Wahlrecht des Verkäufers die Obligation auf die zweite Sache, auch wenn der Käufer die Schuld an diesem Untergange trägt.[1]) Gegen Leistung dieser kann er den Kaufpreis und zugleich Ersatz des ihm zugefügten Schadens verlangen. Da sich dieser Schaden aber berechnet nach dem Interesse, welches der Verkäufer daran hat, dafs er die erste minderwertvolle Sache hätte leisten können, so wird er im Resultat nur den Wert dieser seinerseits zu leisten haben.

Mommsens Annahme (I 316), dafs der Schuldner ein Recht habe, Liberation von seiner Verbindlichkeit zu fordern, erscheint durch l 55 cit. ausgeschlossen, denn nach dieser Stelle mufs er stets die zweite Sache leisten.[2])

Dasselbe gilt bei Wahlrecht des Gläubigers.

b) Das zweite Object geht nun auch unter und zwar casu oder culpa emtoris.

Die Obligation war auf die zweite Sache concentriert; bezüglich dieser ist der Gläubiger seines Forderungsrechtes verlustig gegangen, während seine Pflicht, Schadensersatz für die erste Sache und Preis zu leisten, fortbesteht.[3])

Ist hingegen bei Untergang der zweiten Sache culpa des Verkäufers im Spiele, so mufs man m. E. zwischen Wahlrecht des Schuldners und des Gläubigers unterscheiden. Im ersten Falle wird man den Schuldner kaum zu einem weiteren Schadensersatz anhalten können, da die vorherige culpa des Gläubigers und die dadurch bewirkte Concentration des Rechtsverhältnisses sein Verhalten überhaupt erst zu einer culpa machte. Bei Wahlrecht des Käufers hingegen mufs dieser Schadensersatz für die von ihm zerstörte Sache und den Preis zahlen, kann aber dafür das Interesse wegen culposer Nichtleistung des zweiten Objectes verlangen.

7) Gleichzeitiger Untergang beider Objecte wird nach denselben Grundsätzen beurteilt werden müssen, wie die obigen Fälle, mit Ausschlufs der aus der successiven Concentration gezogenen Consequenzen.

Bei reinem Zufall erhält der Käufer nichts, mufs aber den Preis zahlen.

---

[1]) Sonach gilt hier nicht derselbe Grundsatz wie für culpa venditoris, wonach auch hier die Schuld des Käufers das Wahlrecht des Verkäufers nicht beeinträchtigen dürfte; aber aus gutem Grunde: denn der Schuldner, welcher seine Sache zerstört, handelt gegen seine obligatorische Pflicht, der Gläubiger handelt hingegen nicht gegen die Obligation, sondern seine Schuld bezieht sich allein auf die Sache selbst.

[2]) Wie Mommsen auch Vangerow III 23 und Hofmann 114.

[3]) Hofmann 114.

Bei Schuld des Verkäufers haftet dieser wegen culposer Nichterfüllung. Bezüglich welchen Objectes das Interesse zu ersetzen ist, besimmt der Wahlberechtigte.

Culpa emtoris berechtigt den Verkäufer zur Forderung des Preises und Schadensersatzes für das wertvollere Object, falls er das Wahlrecht hat. Ist der Käufer hingegen wahlberechtigt, so braucht er nur das minderwerte zu ersetzen.

Concurriert Zufall mit Schuld des Verkäufers, so hat dieser Ersatz für das von ihm zerstörte Object zu leisten, da er dies ohne seine culpa in natura hätte leisten müssen; den Preis kann er nur verlangen, soweit er den Schaden übersteigt. Schuld des Käufers giebt dem wahlberechtigten Verkäufer das Recht, den Preis und Ersatz des eventuellen Mehrwertes des culpos Zerstörten zu fordern. Ist der Käufer wahlberechtigt, so braucht er nur den Preis zu zahlen.

IV. Imperfection bezüglich des Preises.

§ 18. Der Grund der Imperfection kann nach l 8 pr endlich in der Unbestimmtheit des Kaufpreises liegen. Für das Rechtsverhältnis des Kaufes besteht die gröfstmögliche Bestimmtheit des Preises nicht in der individuellen Bezeichnung der einzelnen Münzen, sondern allein in der zahlenmäfsigen Fixierung der Kaufsumme. Eine derartige Bestimmtheit ist aber nicht Voraussetzung des giltigen Kaufabschlusses: ein pretium certum in diesem Sinne ist vielmehr schon jeder mit irgend welcher Sicherheit bestimmbare Preis, arg. l 7 §§ 1. 2 l 37 D 18, 1. Perfect jedoch wird ein solcher Kauf nach l 8 cit. erst dann, wenn der Preis nicht nur objectiv, sondern auch für das Bewufstsein der Parteien ziffermäfsig fixiert ist.

Derartige Preisbestimmungen gelten vielfach als Bedingungen, wie dann, wenn der Preis durch das arbitrium eines Dritten oder durch spätere Ereignisse anderer Art, wie in den beiden citierten Stellen, bestimmt werden soll. Eine andere Art derartiger Geschäfte bildet die

emtio ad mensuram.

Ein solcher Kauf liegt dann vor, wenn eine körperlich abgegrenzte Summe von Zahl-, Mafs- oder Gewichtseinheiten, deren Ziffer als unbekannt gesetzt ist, dergestalt verkauft wird, dafs der Preis nur für eine Einheit bestimmt wird, und der Gesamtpreis sich daher erst durch die Ermittelung der Zahl dieser Einheiten ergiebt. Für die specifischen Folgen einer solchen Preisabrede ist wesentlich die individuelle Bestimmtheit des Kaufobjectes.[1]) Ist letzteres selbst nur ein genus, so mufs offenbar, damit überhaupt ein Kauf zu stande kommt, die Zahl

[1]) Ihering IV 396. Regelsberger Archiv 183.

der generisch bezeichneten Objecte feststehen und alsdann ergiebt sich der Preis durch einfache Multiplication.[1])

Es ist ferner Voraussetzung der emtio ad mensuram, dafs die Kenntnis der Parteien von der Stückzahl nicht Grundlage des Contractes ist, denn sonst würde auch hier ein sogleich perfecter Specieskauf vorliegen. Ist hingegen ausdrücklich gesagt, dafs, trotzdem diese Zahl bekannt ist, dennoch nur soviel bezahlt werden soll, als geliefert werden würde, dann enthält diese Verabredung eine contractliche Übernahme der Gefahr durch den Verkäufer.

Entscheidend für die vorläufige Unvollkommenheit eines derartig abgeschlossenen Geschäftes ist die Ungewifsheit der Preises. Die Perfection tritt erst dann ein, wenn diese Ungewifsheit gehoben, d. h. wenn Zahl resp. Mafs oder Gewicht des Kaufgegenstandes festgestellt ist. Bis dahin trägt der Veräufer jedenfalls die Gefahr.

Die Preisermittelung wird meistens mit der Tradition zusammenfallen, da diese sich bei derartigen Waren im Zuzählen, Zumessen oder Zuwägen zu vollziehen pflegt. Sie hat aber auch nur insoweit perficierende Kraft, als sie mit der Tradition verbunden ist. Denn zu dem gesetzlichen und ipso iure eintretenden Gefahrsaufschub bis zur Preisermittelung gesellt sich ein weiterer Aufschub bis zur Tradition, welcher seinen Grund in der dem Geschäfte immanenten Parteiabrede hat. Der Käufer, der den Preis nach der Zahl der zu leistenden Gegenstände bestimmt, will sich insofern sichern, als er nur soviel zu bezahlen braucht, als er thatsächlich erhält, nicht soviel gemessen, sondern soviel ihm zugemessen wird;[2]) der Verkäufer aber, der sich auf dieses Geschäft einläfst, übernimmt damit die Gefahr bis zur wirklichen Leistung, welche durch adpendere, adnumerare, admetiri vollzogen wird.[3]) [4])

Dies Resultat und die Deduction, auf welcher es beruht, werden bestätigt durch

l 35 § 5, 6 D 18, 1.

. . . . quod si vinum ita venierit, ut in singulas amphoras . . . . pretium diceretur, quaeritur quando videatur emptio perfici. Quod similiter scilicet quaeritur et de his, quae numero constant, si pro numero corporum pretium fuerit statutum. Sabinus et Cassius tunc perfici emptionem existimant, cum adnumerata admensa adpensave sint, quia venditio quasi sub hac condicione videtur fieri, ut in singulos

---

[1]) l 35 § 7 D 18, 1. Hofmann 134.

[2]) Gareis 646.

[3]) Hierfür gilt dasselbe wie beim Genuskauf. Gareis 648.

[4]) Warum Preisermittelung und Tradition zusammenfallen müssen, läfst Puntschart (296) unerklärt; er stellt als einen positiven durch die mangelnde Vertrauensseligkeit der Römer begründeten Satz hin. Bechmann II 341 beruft sich darauf, dafs hier der Verkäufer die Initiative habe.

metretas aut in singulos modios quos quasve admensus eris, aut in singulas libras quas adpenderis, aut in singula corpora quae adnumeraveris. 6. Ergo et si grex venierit, si quidem universaliter uno pretio, perfecta videtur, postquam de pretio convenerit: si vero in singula corpora certo pretio, eadem erunt, quae proxime tractavimus.[1])

Der Ausdruck des § 5 i. f. der Stelle hat vielfach Veranlassung dazu gegeben, das Geschäft als ein durch die Preisermittelung suspensiv bedingtes aufzufassen.[2]) Dagegen hat sich mit Recht die herrschende Meinung erklärt, indem sie in jenen Worten nur die Betonung einer Analogie sieht.[3]) Dieselben wollen weiter nichts sagen, als das, was eben als Inhalt der Parteiabrede bezeichnet wurde; das Geschäft soll nämlich als unter der Maſsgabe abgeschlossen erscheinen, daſs nur soviel bezahlt wird, als thatsächlich geliefert ist.[4]) Gegen die Auffassung der Zumessung als Bedingung des Rechtsgeschäftes sprechen besonders drei Gründe: erstens ist objectiv in dem ganzen Rechtsverhältnis nichts ungewiſs, nicht einmal der Preis:[5]) dasselbe ist in seinem Bestande völlig gesichert. Ferner kann die Zumessung durch Klage erzwungen werden, nicht aber die Erfüllung einer Bedingung.[6]) Und endlich führt l 8 pr die Bestimmtheit des Preises und die Erfüllung als zwei besondere, coordinierte Erfordernisse der Perfection nebeneinander auf.

Die Consequenz, welche man aus jener Annahme gezogen hat, daſs nämlich der Käufer die Gefahr der Verschlechterung trage,[7]) findet ihre Bestätigung auch ohne dies.[8]) An und für sich ist hier ebensowenig als beim bedingten oder generischen Kauf die gleiche Qualität der Ware zugesagt oder zur Bedingung des Geschäftes gemacht.[9]) Auch hier geht die Gefahr ipso iure mit der Perfection über, und diese tritt von selbst ein, solange das Rechtsverhältnis überhaupt noch ein Object besitzt. Bloſse Verschlechterungen sind für die Perfection aber kein Hindernis. Mit dem Object des perfecten Geschäftes muſs der Käufer zufrieden sein, so wie es ist, insofern er keine contractlichen oder ädilicischen Schadensansprüche geltend machen kann.

---

[1]) Daſs der § 5 cit. von einer emtio ad mensuram handelt, geht unzweifelhaft aus § 6 eodem hervor, denn dieser spricht offenbar davon, daſs beidemal die ganze Heerde verkauft worden ist. Vangerow III 431.

[2]) Windscheid § 390, Mommsen I 339, Thöl § 266.

[3]) So Stintzing 189, Vangerow 431, Hofmann 136, Ihering IV 397, Bechmann II 341, 342, Regelsberger Arch. 189, Krit. 107, Puntschart 293.

[4]) So die oben Citierten. Vgl. Stintzing 203.

[5]) Bekker V 369.

[6]) Regelsberger ll. cc.

[7]) So Windscheid § 390 Anm. 12. Mommsen I 339.

[8]) Dafür Hofmann 135. Thöl § 266. Dagegen Regelsberger Arch. 189, Goldschmidt ZS I 79, 80, Vangerow III 432, Bekker 368, Puntschart 298, Eck Kauf (2) 10.

[9]) Letzteres nimmt Regelsberger Krit. 109 an.

Dieser Annahme steht die vielfach hierfür angezogene l 2 C 4,48 nicht entgegen.[1] Diese Stelle spricht von einem reinen Genuskauf[2] und lehrt, dafs die Gefahr der Verschlechterung des Weines, insofern noch guter Wein zu liefern ist, den Käufer nicht treffe.[3] [4]

Aus l 11 D 18, 6 ist wohl kaum etwas anderes herauszulesen, als die selbstverständliche Wahrheit, dafs, wenn auch der Verkäufer vor der Zumessung die Gefahr trage, dies nicht auch Haftung für den Zufall insofern bedeute, dafs er nun auch zum Ersatze des Wertes der untergegangenen Teile verpflichtet wäre.[5]

Im übrigen ist ein Kauf nach Mafs auch sehr wohl so möglich, dafs er durch sofortige Übergabe der Ware vollzogen wird, der Preis aber nach dem zu ermittelnden Quantum der übergebenen Ware bestimmt werden soll. Hier geht die Gefahr natürlich mit dem Act der Tradition über, und der Verkäufer mufs dafür sorgen, dafs festgestellt wird, wieviel er übergeben hat, da er anders seine Klage auf den Preis nicht substantiieren kann.

b. Die Miete.

1) Die Sachmiete.

§ 19. Um in aller Schärfe die Gegensätze, welche aus der verschiedenen wirtschaftlichen Natur der einzelnen Schuldverhältnisse für die Frage der Unmöglichkeit folgen, zu präcisieren, schliefsen wir die Besprechung der Mietsverträge unmittelbar an die nunmehr erschöpfte Behandlung des Kaufes an.

Die Wirksamkeit der beiden Seiten des Rechtsverhältnisses, d. h. ihre gegenseitige Durchführbarkeit, ist hier keine gleichzeitige, wie grundsätzlich beim Kaufe, sondern sie hängt vielmehr auf seiten des Mieters gewöhnlich vom Eintritt eines Termins, auf seiten des Vermieters von der Gewährung der Mietsache während der verabredeten Zeit ab. Die Frage ist nur, inwieweit Unmöglichkeit der Erfüllung in letzterer Beziehung der wirklichen Erfüllung gleichsteht.

l 9 § 4 D 19, 2 Ulpianus:

Imperator Antoninus cum patre, cum grex esset abactus, quem

---

[1] S. oben S. 158.

[2] Anders Vangerow 432, Bekker V 393, Puntschart 298, Regelsberger und Goldschmidt ll. cc.

[3] So auch Mommsen I 432.

[4] Auch l 1 § 1 D ht. gehört wohl nicht hierher, da auch sie in ihrem zweiten Teil als Gegensatz den Fall aufführt, wo das Kaufobject speciell bestimmt ist. Ebensowenig l 35 § 7 D 18, 1, auf welche sich Goldschmidt (ZS I 79), Bekker 394 und Regelsberger Archiv 189 berufen.

[5] Anders Bekker 392, Vangerow 432.

quis conduxerat, ita rescripsit: si capras latrones citra tuam fraudem abegisse probari potest indicio locati, casum praestare non cogeris atque temporis quod insecutum est mercedes ut indebitas reciperabis.

Vgl. l 9 § 1, l 19 § 6, l 27 § 1, l 30 pr § 1, l 33 i. f., l 34, l 35 D eodem.

Aus allen diesen Stellen geht für die Sachmiete mit Bestimmtheit hervor, dafs der Vermieter nur insoweit den Mietpreis beanspruchen kann, als er dem Mieter thatsächlich den Gebrauch der Sache prästiert hat. Windscheid II S 502.

Wenn der Mieter auf Grund von Hindernissen, welche in seiner Person liegen, von der Sache keinen Gebrauch machen kann, so gilt dies nicht als Unmöglichkeit der Erfüllung und befreit ihn daher auch nicht von seiner Pflicht, den Preis zu zahlen.

l 61 § 1 D 19, 2 Scaevola:

Navem conduxit, ut de provincia Cyrenensi Aquileiam navigaret olei metretis tribus milibus impositi set frumenti modiis octo milibus certa mercede: sed evenit, ut onerata navis in ipsa provincia novem mensibus retineretur et onus impositum commisso tolleretur · quaesitum est, an vecturas, quas convenit a conductore secundum locationem exigere navis possit · Respondit secundum ea quae proponerentur posse.

Die Stelle spricht von Sachmiete;[1]) sie nimmt an, dafs jemand ein Schiff zum Getreidetransport mietet, und dafs dies Schiff, nachdem es beladen, also dem Mieter zur Disposition gestellt ist, durch Zufall am Abfahrtsort zurückgehalten wird. Die verladene Ware wird hier confisciert, und der Mieter will nun den Preis nicht zahlen. Da aber die Unmöglichkeit allein darin ihren Grund hat, dafs der Mieter von der ihm überlassenen Sache keinen Gebrauch machen kann, so bleibt er zur Zahlung der vectura verpflichtet.[2])

In diesem Falle geht der Vermieter seines Anspruches jedoch insoweit verlustig, als er die Mietsache anderweitig verwertet hat oder verwerten konnte.

l 19 § 9, 10 D ht. (s. unten S. 89.)

Die Stelle spricht zwar nur von locatio conductio operarum, aber die analoge Ausdehnung des darin ausgesprochenen Grundsatzes auf die Sachmiete erscheint aus inneren Gründen geboten.[3])

---

[1]) Windscheid § 400. Puntschart 396. Anders Mommsen I 384, Fuchs 409. Letzterer nimmt Dienstmiete an und interpretiert die Stelle dahin, dafs culpâ conductoris, welcher Contrebande zum Transport gegeben hat, die Erfüllung unmöglich geworden ist.

[2]) Da hier die Erfüllung des Mieters wegen unterblieben ist, so kommt Puntschart 397 zu demselben Resultat wie beim Kauf.

[3]) Windscheid, Puntschart ll. cc. Letzterer aus dem Grunde, weil der Vermieter seine Erfüllungsbereitschaft wieder rückgängig gemacht hat. 397, 398.

Die Grundsätze über Remission des Pachtzinses bei erheblicher Schmälerung der Fruchtgewinnung beruhen auf positiven, aus Billigkeitsrücksichten aufgestellten Vorschriften; so erheblich die praktische Wichtigkeit derselben auch sein möge, eine principielle Bedeutung für die Frage der Unmöglichkeit der Erfüllung können sie nicht beanspruchen.[1])

Der Emphyteutcontract wird nach l 1 C 4, 66 § 3 J 3, 24 bezüglich der Unmöglichkeit ebenso wie der Mietsvertrag behandelt.

2) Die Dienstmiete.

§ 20. Für die Dienstmiete wird auf Grund ihrer nahen Verwandtschaft mit der Sachmiete der Schlufs nicht nur nahe gelegt, sondern beinahe zu einem zwingenden gemacht, dafs die Unmöglichkeit der Erfüllung hier wie dort den gleichen Normen unterliegt.[2]) Nichtsdestoweniger läfst sich hierfür nicht nur kein Quellenzeugnis erbringen,[3]) sondern es scheinen sogar mehrere Äufserungen der römischen Juristen direct das Gegenteil auszusprechen. Sollte nun aber eine Interpretation dieser Stellen möglich sein, welche dieselben mit der, die Analogie der Sachmiete für mafsgebend erachtenden Meinung vereinigt, so ist letzterer umsomehr deshalb der Vorzug zu geben, weil sich der Mangel positiv dafür zeugender Argumente leicht aus der spärlichen Behandlung der ganzen Vertragsart in den Quellen erklärt.[4])

Die wichtigsten Stellen sind folgende:

l 19 § 9 D ht. Ulpianus:

Cum quidam exceptor operas suas locasset, deinde is qui eas conduxerat, decessisset, imperator Antoninus . . . rescripsit ad libellum exceptoris in haec verba: Cum per te non stetisse proponas, quominus locatas operas Antonio Aquilae solveres, si eodem anno mercedes ab alio non accepisti, fidem contractus impleri acquum est.

l 38 pr eod. Paulus:

Qui operas suas locavit, totius temporis mercedem accipere debet, si per eum non stetit, quominus operas praestet.

Hierin ist der allgemeine Ausdruck des Satzes gefunden worden, dafs schuldlose Unmöglichkeit der Erfüllung principiell den Arbeiter zur Forderung des ganzen Lohnes berechtigt.[5])

---

[1]) Puntschart 405 sieht auch hier dieselben Normen wie beim Kauf angewendet, da jene Grundsätze den physischen Untergang der Früchte, d. i. des Leistungsobjectes voraussetzen.

[2]) Mommsen I 353, 354. Dagegen Fuchs 409.

[3]) l 15 § 6 D ht., auf welche sich Vangerow beruft, gehört nicht hierher.

[4]) Mommsen I 354. Eine Übersicht der verschieden Theorien bei Puntschart.

[5]) So Fuchs 403. Madai 281. Mühlenbruch § 365. Schilling Instit. III 43. Anders Wolff 139.

Wenn man aber in unserer Frage das entscheidende Gewicht auf die innere Natur des Geschäftes und seine Analogie mit der Sachmiete legt, dann wird man den Verzug einer beschränkenden Interpretation jener beiden Stellen geben, welche mit dem Wortlaut derselben sehr wohl zu vereinigen und durch innere Gründe erheblich gestützt ist.

Wir sahen, dafs der Gläubiger sich nicht auf Hindernisse rein thatsächlicher Natur berufen kann, welche ihm die Annahme der Leistung unmöglich machen. Selbst bei unbefangener Betrachtung der citierten Fragmente ist es nun nicht schwer, ihnen den Sinn unterzulegen, dafs sie nur diesen Grundsatz lehren wollen, dafs sie also nur von einem Falle sprechen, in welchem eine wahre Unmöglichkeit nicht vorliegt, sondern der Mieter die ihm thatsächlich angebotene Leistung nicht annehmen kann. Unzweifelhaft ist 1 19 § 9 auf einen solchen Fall zu beziehen, da sie davon ausgeht, dafs der Tod des Mieters und die damit verbundene rein thatsächliche Unmöglichkeit der Annahme Hindernis der Erfüllung ist.

Mommsens[1]) Annahme, die Stelle gewähre eine Klage auf das Interesse wegen der Nichtannahme, ist durch nichts gerechtfertigt. Recht hat er freilich, wenn er gegen Windscheid[2]) bemerkt,[3]) dafs Erfüllungsbereitschaft nicht Erfüllung sei. Denn sonst könnte der Mieter sich nicht darauf berufen, dafs der Arbeiter sich anderweitig verdingt habe. Aber in zweiseitigen obligatorischen Rechtsverhältnissen genügt die Erfüllungsbereitschaft, um das Recht auf die Gegenleistung auszulösen; denn mehr als die Leistung anbieten, kann und braucht der Schuldner nicht zu thun.[4])

1 38 pr freilich stellt allgemein den Satz auf, dafs der Mieter verpflichtet bleibe, si non per locatorem stetit quominus operas praestet. Aber auch in dieser Stelle steht einer gleichen beschränkenden Interpretation nichts im Wege, und dafür spricht der hier und in mehreren sogleich zu erörternden einschlägigen Fragmenten mit seltener Übereinstimmung gebrauchte Ausdruck: non stetit per locatorem quominus..[5]) Zwingend ist der Sprachgebrauch zwar nicht, denn vereinzelt bezeichnet diese Wendung auch Fälle wirklicher Unmöglichkeit; aber das Naheliegendste bleibt es doch, dieselbe damit wiederzugeben, dafs die Erfüllung zwar möglich und thatsächlich angeboten wird, der Mieter aber verhindert ist, dieselbe anzunehmen.

Der hiernach in den Stellen gelehrte und mit den allgemeinen

---

[1]) I 356 f. 362.
[2]) Krit. II 139.
[3]) III 423, I 356.
[4]) Im 3. Bande S. 423 giebt Mommsen zu, dafs das Interesse die Gegenleistung nie übersteigen darf.
[5]) Mommsen I 356, 357, 362. Vangerow III 215. Wolff 140, 141. Puntschart 416. Dagegen Fuchs 409.

Normen über die Erfüllungsunmöglichkeit übereinstimmende Satz wäre dahin zu formulieren: Der Vermieter ist immer dann zur Forderung des Mietgeldes berechtigt, wenn er seine Arbeitskraft in der geforderten Weise zur Disposition gestellt hat, der Mieter aber auf Grund irgend eines auf seiner Seite liegenden Zufalles, sei es, dafs er seine Person, sei es, dafs er die zu bearbeitende Sache betroffen hat,[1]) verhindert ist, von den Diensten Gebrauch zu machen. Ein genauer Nachweis darüber, dafs er nach Lage seiner Verhältnisse die Dienste gewifs geleistet hätte, ist von dem Arbeiter nicht zu verlangen, dagegen befreit den Mieter der Umstand, dafs der Arbeiter während der fraglichen Zeit seine Dienste anderweitig verwertet hat oder wie wir wohl hinzusetzen können,[2]) ohne dolus oder Lässigkeit hätte verwerten können.[3])

Die übrigen Stellen, auf welche sich die Behauptung gründet, dafs der Arbeiter grundsätzlich den ganzen Lohn zu fordern habe, sind folgende:

1 19 § 10 D ht. Ulpianus:

Papinianus quoque . . . . . scripsit, diem functo legato Caesaris salarium comitibus residui temporis praestandum, modo si non postea comites cum aliis eodem tempore fuerunt.

1 4 D 1, 22 Papinianus:

. . . diversum in eo servatur, qui successorem ante tempus accepit.

Beide Stellen handeln von dem Gehalt der Hilfsbeamten eines verstorbenen Legaten, und somit von einem öffentlich-rechtlichen Verhältnis.[4]) An sich würde ihre Beweiskraft für die hier in Betracht kommenden rein privatrechtlichen Rechtsverhältnisse dadurch erheblich geschwächt werden. Dies wird auch nicht durch die Stellung der 1 9 § 10 im Titulus locati und ihren Zusammenhang mit dem im vorhergehenden Paragraphen besprochenen reinen Mietsfall wiederlegt; denn es scheint viel naturgemäfser, dafs der Jurist auf ein der Miete analoges Rechtsverhältnis auf dem Gebiete des öffentlichen Rechtes exemplificiert, als dafs er in müfsiger Weise einen neuen Fall reiner Miete erwähnte.[5])

Abgesehen aber hiervon finden wir jedenfalls in beiden Stellen die eben für die reine Miete aufgestellten Grundsätze bestätigt. Beide

---

[1]) So Puntschart 427. Anders Mommsen I 363.

[2]) Mommsen I 356. Dernburg Pand. II 296.

[3]) Vangerow III 215. Windscheid § 401 Anm. 6, 7. Reichsger. Entsch. III 182. Puntschart 415. Göschen II § 515. Sintenis II § 106. Koch III 984. Wächter II S. 428. Alle diese Schriftsteller nehmen aber auf den Unterschied zwischen rechtlichen und thatsächlichen Hindernissen keine Rücksicht.

[4]) Mommsen I 358, Fuchs 410, Reichsger. III 182. Dagegen Puntschart 421 unter Berufung auf Bechmann-Howellg Civ. Prozessr. II 138.

[5]) Mommsen I 358.

handeln von Hindernissen, welche in der Person des Mieters, d. h. des Legaten begründet sind, nämlich von seinem Tode oder seiner Abberufung. Stirbt der Legat, dann sollen seine comites Anspruch auf das Gehalt der ganzen Dienstzeit haben; wird er hingegen abberufen, dann haben sie nur für soviel Zeit Gehalt zu fordern, als sie wirklich im Amte waren. Also auch hier wird derselbe Unterschied zwischen rein thatsächlichen und rechtlichen Hindernissen der Annahme gemacht und auch hier werden dieselben Folgen daran geknüpft wie bei der reinen Miete.

Mommsen (I 359) sieht auch in dem Tod des Legaten ein rechtliches Hindernis der Erfüllung, da die Erben rechtlich nicht in der Lage sind, von den Diensten weiter Gebrauch zu machen. Man mufs aber davon ausgehen, dafs das Verhältnis von Anfang an als ein naturgemäfs beiderseitig unvererbliches begründet wurde, und dafs unter dieser Voraussetzung sich der Tod als reine Thatsache, die Abberufung hingegen, welche den Legaten für seine bisherige Stellung seines Amtscharakters beraubt, als rechtliche Unmöglichkeit der Leistung darstellt.

Die Gegner berufen sich ferner auf folgende Stellen:

l 38 § 1 D ht. Paulus:

Advocati quoque si per eos non steterit, quominus causam agant, honoraria reddere non debent.

l 1 § 13 D 50,13 Ulpianus:

. . . . Divus severus ab heredibus advocati mortuo eo prohibuit mercedem repeti, quia per ipsum non steterat, quominus causam ageret.

Arg. a contr. l 11 C 4,6.

Advocationis causa datam pecuniam, si per eos qui acceperant, quominus susceptam fidem impleant, stetisse probetur, restituendam esse convenit.

Die Stellen handeln sämtlich von der Advocatur, also einem öffentlich rechtlichen Verhältnis, über dessen civilrechtliche Construction unter den römischen Juristen keine Einigkeit herrschte, und welches sich überdies durch vielfache Privilegien auszeichnete. Bedeutung für die Miete kann nur l 38 § 1 beanspruchen, welche dem Titel locati angehört und den im pr. derselben Stelle aufgestellten Grundsatz auf die Advocatur als auf ein analoges Rechtsveshältnis anwendet. Wer daher bezüglich des pr. auf dem hier vertretenen Standpunkt steht, mufs auch den § 1 in derselben beschränkenden Weise auslegen.

Die zweite Stelle hat für die Miete schon deshalb keine Beweiskraft, weil sie das Verhältnis gar nicht unter diesem Gesichtspunkte betrachten; vielmehr läfst sie den rechtlichen Gesichtspunkt offen. Unzweifelhaft nun ist in diesen Stellen der Grundsatz ausgesprochen, dafs der Advocat das Honorar behalten dürfe, wenn ihm durch Zufall die Erfüllung seiner Pflicht unmöglich geworden ist. Denn l 1 § 13 auf einen anderen Fall zu beziehen, wo dem Advocaten vor seinem Tode die Ausführung seines Mandats durch ein aufserhalb seiner Person liegendes Hindernis unmöglich geworden ist,[1]) läfst sich mit dem Wortlaut der Stelle kaum vereinen.

Würde man jenen Satz blos auf vorausbezahlte Honorare beziehen, dann würde er sich aus dem in l 11 C geltend gemachten Recht der Voraussetzung zur Genüge erklären.[2]) Aber auch, wenn er für die Advocaten allgemeine Geltung hätte, müfste er nur als Sonderrecht des Standes aufgefafst werden.[3]) l 38 § 1 würde dann sagen, dafs selbst, wenn man auf die Advocatur den in gewissen Beziehungen strengeren Gesichtspunkt der Miete anwenden wollte, der Advocat bei Hindernissen, welche in der Person des Mandanten liegen, dennoch den Anspruch auf das Honorar behalten würde.[4])

3) Locatio conductio operis.

§ 21. Mit der Werkverbindung betreten wir ein Gebiet, welches zu den bestrittensten in der ganzen Lehre gehört. Die Schwierigkeit liegt nicht allein in der Interpretation der vielfach dunkelen Quellenaussprüche; ihr Grund ist vielmehr auch darin zu finden, dafs das ganze Institut eine gewisse Doppelstellung zwischen den beiden Extremen: Kauf und Miete einnimmt. Mit dem Kauf hat es gemeinsam, dafs Besteller wie Käufer vor allen Dingen etwas Fertiges haben wollen, dieser eine Sache als solche, jener als Product einer Thätigkeit. Diese Absicht des Habens wird bei beiden verwirklicht durch die Übergabe, also einen momentanen Act der Erfüllung. Aber beim Kauf ist die Übergabe doch etwas wesentlich Anderes als hier, denn sie enthält dort gleichzeitig die Entäufserung und damit den Rechtserwerb durch den Käufer; für den Besteller aber ist sie ein rein thatsächlicher Vollzugsact. Dasjenige, was sowohl rechtlich als wirtschaftlich als bestimmmendes Merkmal der Werkverbindung betrachtet werden mufs, ist die selbständige Thätigkeit, zu welcher sie den Arbeiter verpflichtet. Die Arbeit, nicht das fertige opus, ist Object des Rechtsverhältnisses, und die Leistung der Arbeit ist die eigentliche Erfüllung.[5])

Die Doppelnatur der Werkverbindung äufsert sich auch darin, dafs ein Umstand, welcher in gewissem Sinne ein blos zufälliger ist,

---

[1]) Wolff 143. Puntschart 407. Brinz II § 278 Anm. 10.

[2]) Dafür Windscheid § 404 Anm. 5. Vgl. Erxleben II 420 ff.

[3]) Mommsen I 361 Vangerow III 215. Windscheid Krit. II 138.

[4]) Puntschart trägt in die Stellen die Unterscheidung hinein, dafs l 38 § 1 auf die supernumerarii, die andern auf den numerus clausus bezogen werden müssen. S. 424.

[5]) l 22 § 2 D ht. Paulus: locat enim artifex operam suam id est faciendi necessitatem.

entscheidend dafür ist, ob eine locatio c. operis oder ein Kauf künftiger Sachen vorliegt.

1) Hat nämlich der Arbeiter die Anfertigung des Werkes aus eigenem Material übernommen, so betrachten die Quellen das Verhältnis unter dem Gesichtspunkte des Kaufs künftiger Sachen. Der Fortschritt gegen die oben dargestellten Fälle dieser Kathegorie liegt allein darin, dafs hier der Verkäufer zu eigener Thätigkeit verpflichtet ist.[1])

G III 147, § 4 J 3, 24 l 2 § 1 D ht. l 20 l 65 D 18, 1.

Ist das Material hier durchaus individuell bestimmt,[2]) so geht die Gefahr mit der Fertigstellung des Werkes über. Bei nur generischer Bestimmtheit mufs die Concentration nach den oben dargestellten Regeln noch hinzutreten. Untergang der fertiggestellten aber noch nicht tradierten Sache wird bei gemischt generischer Bestimmtheit des Materiales dem Arbeiter die erneute Fertigstellung meistenteils nicht und bei rein generischer Bestimmung[3]) nie unmöglich machen. Der Arbeiter kann sich daher darauf bei etwaigem Resolutivtermin nur mit der Wirkung berufen, dafs er von der Interesseleistung befreit bleibt.[4])

Die Windscheidsche Annahme,[5]) dafs bei individualisiertem Material die Gefahr erst mit der Billigung auf den Käufer übergehe, rechtfertigt sich weder durch innere Gründe, welche etwa eine von der Werkverbindung verschiedene Behandlung erforderten, noch findet sie in dem aus l 1 § 6 D 50, 12 gezogenen argumentum a contrario eine genügende Stütze. Denn wenn man annimmt, — und das Gegenteil ist weder gesagt noch ist es regelmäfsig der Fall — dafs das Material nur generisch bestimmt war, so sagt die Stelle einfach, dafs die Gefahr erst mir der Überweisung an die Behörde übergehe.

2) Die eigentliche Werkverdingung beginnt erst da, wo das Material der Arbeit vom Arbeitsherrn geliefert wird. Beim Hausbau genügt nach l 22 § 2, D 19, 2, l 20 D 18, 1, dafs der Arbeitsherr den Grund und Boden hergiebt, wenn auch das Material vom Unternehmer herrührt.

Da die Übergabe seitens des locator das Material specialisiert, so ist in dieser einen Hinsicht die Frage hier vereinfächt.

Zur Werkverdingung gehören ferner die Fälle, in denen es sich gar nicht um Bearbeitung von Material, sondern allgemein um die Ausführung irgend eines Werkes, die Erreichung irgend eines Zweckes

---

[1]) Bechmann II 164. Daher die abweichende, Kauf und Miete combinierende ältere Theorie des Cassius in § 4 J cit.

[2]) z. B. Bestimmung eines Marmorblocks für die anzufertigende Säule. Bei Bauverträgen genügt die Bestimmung des Grund und Bodens zur Individualisierung

[3]) Gegen die Möglichkeit einer solchen Bechmann II 165, 337 mit seinen gegen den Lieferungskauf angeführten Gründen.

[4]) Windscheid § 402. Mommsen I 366. Bechmann II 338.

[5]) Krit. II 141. Pand. II § 401 a. E. Anders Mommsen III 428.

handelt, bei welchem das Material nur als Mittel zum Zweck in Betracht kommt, wie z. B. bei Transportverträgen.[1])

Die Werkverdingung ist ihrer inneren Natur nach Vermietung einer Arbeitskraft, zur Dispositionsstellung derselben in fremdem Interesse; der Preis entspricht, wie später ausgeführt werden soll, auch hier der Zeit, während welcher die Arbeit gewährt wird. In den Quellen wird das Rechtsverhältnis als Miete betrachtet; nichts liegt daher auch hier näher als der Schlufs, dafs die Grundsätze der Miete dann angewendet werden, wenn das Gegenteil nicht ausdrücklich gesagt wird; und dieser Schlufs führt zu dem Satze, dafs die schuldlose Unmöglichkeit der Erfüllung bei der Werkverdingung dem Arbeiter einen Anspruch auf einen solchen Teil der Gegenleistung giebt, welcher dem Mafse des seinerseits Geleisteten entspricht.[2])

a) Wenn die Ausführung des übernommenen Werkes von Anfang an durch casus verhindert ist, dann hat der redemptor nichts zu fordern, da er nichts geleistet hat.

l 15 § 6 D 19, 2 Ulpianus:

Item cum quidam nave amissa vecturam, quam pro mutua acceperat, repeteretur, rescriptum est ab Antonino Augusto, non immerito procuratorem Caesaris ab eo vecturam repetere, cum munere vehendi functus non sit: quod in omnibus personis similiter observandum est.

In dieser Stelle ist Wortlaut und Construction zweifelhaft. Die Mommsensche Ausgabe liest repeteretur, ohne Varianten anzugeben oder Emendationen vorzuschlagen. Wir entscheiden uns mit der herrschenden Meinung[3]) für repeteret und übersetzen dies mit Fuchs[4]) als „einredeweises Zurückhalten", indem wir quidam auf den Schiffer beziehen.

Die Stelle spricht alsdann von folgendem Falle:

Ein Procurator Caesaris schliefst mit einem Schiffer einen Frachtvertrag ab und giebt das Fahrgeld praenumerando als Vorschufs. Das bezeichnete Schiff geht unter. Der Streit um das Fahrgeld wird dahin entschieden, dafs der Schiffer es dem Procurator herausgeben müsse.

Über die rechtlichen, hier zur Anwendung kommenden Gesichtspunkte herrscht Streit.

Wir nehmen erstens an, dafs der Verlust des Schiffes eine wahre Unmöglichkeit zur Folge hat,[5]) da der Vertrag nur bezüglich des einen

---

[1]) Mommsen I 80 Anm. 25.
[2]) Ausführliche Übersicht der Litteratur bei Puntschart 433—452.
[3]) Mommsen I 383, Puntschart 464.
[4]) 406; Puntschart l. c.
[5]) Dagegen Fuchs 405 f. Dankwardt 337.

Schiffes abgeschlossen ist. Diese Annahme ist schon deshalb die natürlichere, weil die übrigen Paragraphen der Stelle nur von Fällen wahrer Unmöglichkeit handeln; läge eine solche nicht vor, dann würde die Stelle gewifs nicht nur von der Rückforderung, sondern auch von dem Interesseanspruch des locator reden.[1])

Es ist ferner behauptet worden, dafs der Jurist nicht von der reinen l. c. operis, sondern von einem Innominatvertrage oder wenigstens von einer Combination mit einem Innominatvertrage rede;[2]) andere sehen darin wiederum nur eine l. c. operarum.[3])

Beiden Annahmen steht der Ausdruck munere vehendi fungi entgegen, welcher sich offenbar auf die Übernahme einer Arbeit bezieht. l 11 § 3. l 13 § 1. l 19 § 7 D ht. lassen gar keinen Zweifel daran, dafs der Frachtvertrag bei den Römern als reine l. c. operis behandelt wurde; dafür, dafs l 15 § 6 einen anderen Gesichtspunkt anwendet, ist ein Grund nicht ersichtlich, und zudem entspricht der Ausdruck: munus vehendi genau dem in den citierten Stellen angewendeten: aliquid vehendum conducere.[4])

Unentschieden bleibt thatsächlich nur, ob die Stelle Untergang des Schiffes vor oder während der Reise voraussetzt. Da sie letzteres nicht erwähnt und sagt: der Schiffer habe den übernommenen Transport überhaupt nicht ausgeführt, so ist der ersteren Annahme, welche dem an die Spitze gestellten Princip entspricht, der Vorzug zu geben.[5])

b) Tritt der Zufall erst nach Beginn des Werkes ein, so trägt der locator insofern die Gefahr, als er dem Unternehmer einen der schon geleisteten Arbeit entsprechenden Teil des Preises erstatten mufs. Ist das ganze Werk vollendet, und geht es vor der Ablieferung zu Grunde, dann erhält Letzterer den ganzen Preis.[6])

l 33 D 19, 2 Africanus:

.... si insulam aedificandem locasses et solum corruisset, nihilominus teneberis .....

l 59 eod. Javolenus:

Marcius domum faciendam a Flacco conduxerat: deinde operis parte effecta terrae motu concussum erat aedificium. Massurius Sabinus, si vi naturali, veluti terrae motu hoc acciderit, Flacci esse periculum.

Beide Stellen sprechen das Princip aus, dafs bei Zufall nach Beginn der Arbeit der locator die Gefahr trage; es sind daher mannig-

---

[1]) Mommsen 383 Anm. 17.
[2]) Fuchs l. c. Dagegen Vangerow III 215, Puntschart 465, Mommsen l. c.
[3]) Glück XVII 417 Anm. 61.
[4]) Mommsen I 80. 383. Puntschart 465.
[5]) Bolze 87.
[6]) Ablieferung kommt natürlich nur bei materiellem opus in Betracht.

fache Versuche, sie wegzudeuten, von denjenigen gemacht worden, welche grundsätzlich dem Arbeiter die Gefahr auferlegen wollen.

l 33 hat Mommsen früher (I 381) dadurch zu erklären gesucht, dafs er annahm, das Werk sei nach der Vollendung untergegangen oder der Zufall sei eine Folge der schlechten Bodenbeschaffenheit, welche letztere immer dem locator als Schuld zuzurechnen sei.[1]) In l 59 hingegen supponierte er, dafs teilweise Abnahme verabredet worden sei und brachte die Stelle dadurch in Einklang mit l 37 D eodem.

Auch Puntschart (433. 456) nimmt Notwendigkeit der Approbation an, bezieht den Zufall nur auf ein soli vitium oder vis maior und schliefst daraus, dafs auch hier nur dasselbe, wie nach seiner Meinung in ll 36. 37. 62 gelehrt werde: dafs nämlich bei Notwendigkeit der Approbation den locator die Gefahr des ganzen resp. teilweise vollendeten Werkes dann treffe, wenn eine höhere Gewalt die Unmöglichkeit herbeigeführt hat.

Die Ansicht, dafs l 59 und die eben citierten Stellen die Gefahr dem Verdinger nicht allgemein, sondern nur im Falle eines als vis maior qualificierten casus aufbürden, ist schon früher von manchen Schriftstellern vertreten worden.[2]) l 59 spricht von vis naturalis veluti terrae motus, l 36 von vis maior, l 37 von vis aliqua; nach l 62. 33 rechnet Puntschart noch zu diesem qualificierten Zufall das soli vitium.[3]) Das letztere hatte Mommsen im ersten Bande seiner Beiträge stets als Schuld des Verdingers betrachtet (381). Im dritten Bande (S. 427) hat er diese Behauptung zurückgenommen und als möglich angedeutet, dafs man die Fehler der Bodenbeschaffenheit besonders behandelt habe, weil dieselben meistens auf einer Schuld des Verdingers beruhen.

Für diese Theorie spricht allein der Ausdruck der citierten Quellenstellen; keineswegs aber ist dies als ein zwingendes Argument zu betrachten. Man darf nicht vergessen, dafs eine vollkommen abstracte Ausdrucksweise den römischen Juristen nicht in dem Mafse eigen war, wie den heutigen, dafs sie sich vielmehr meistens concreter Beispiele bedienten. Mit der vis haben sie daher eine Naturkraft, mit dem soli vitium einen Bodenzusammenbruch als Beispiele des casus, nicht aber als ausschliefslich hier in Betracht kommende Erscheinungsformen desselben bezeichnen wollen. Dagegen aber spricht erstens der allgemeine Grund, dafs eine solche Differenzierung des casus eine völlig ausnahmsweise und besonders der Lehre von den zweiseitigen Obligationen fremde ist; und ferner, dafs vis maior gewöhnlich das Correlat

---

[1]) So auch Burchardi 142.

[2]) Puchta Vorles. II 217. Holzschuher III § 300; ebenso Dankwardt 351. Bolze 98. Wyss 97. Dernburg Pand. II § 113. Brinz II (2) 768.

[3]) Ebenso Dankwardt 351 Anm. 3. Dernburg l. c.: jeder Schade, der die Folge des vom Besteller gelieferten Materiales ist.

einer besonders gesteigerten Haftung für custodia zu sein pflegt, eine solche aber bei der Werkverbindung nicht stattfindet.[1])

Eine zweite Ansicht, zu deren Besprechung gleichfalls Puntschart Veranlassung giebt, nimmt an, dafs überall da, wo es sich um Fertigstellung eines materiellen opus handle, aus der Natur der Leistung die Notwendigkeit einer Approbation folge und dafs daher eine solche auch für l 33, 59 anzunehmen sei.[2])

Mommsen beseitigt den Widerspruch, den er dadurch zwischen l 33, 59 und l 36, 37, 62 ht. findet, auf die oben angegebene Weise; Puntschart hingegen sieht zwischen diesen Stellen überhaupt keinen Widerspruch, sondern folgert daraus den gleichfalls oben erörterten Satz.

Nun ist freilich zuzugeben, dafs die Natur der Leistung insofern für die Frage der Approbation von Erheblichkeit ist, als die Parteien an eine solche überhaupt nur bei Anfertigung eines materiellen opus denken werden. Bei einem Frachtvertrage ist eine Approbation schon deshalb ausgeschlossen, weil der locator während und mit der Erfüllung der Vorteile derselben teilhaftig wird. Eine Approbation wird nur da stipuliert werden, wo der Verdinger das fertiggestellte Werk deshalb genauer controllieren zu müssen glaubt, weil er jede Controlle über die Fertigstellung desselben entbehrte. Aber wenn einmal auf Grund dessen die Approbation des Bestellers ausbedungen ist, dann hat diese auch specifische Folgen, und zwar solche Folgen, dafs man dieselben eben nur bei Ausbedingung der Approbation, nicht aber ipso iure eintreten lassen darf.

An und für sich ist der Arbeiter nur zur Erfüllung nach allgemeinen Grundsätzen verpflichtet; seine Arbeit mufs nur insofern fehlerfrei sein und die contractmäfsige Beschaffenheit haben, dafs sie sich als genügender Gegenstand der Erfüllung charakterisiert. Der Besteller ist dann zur Annahme verpflichtet und hat Ersatzansprüche wegen der Fehler nur dann, wenn dieselben auf einer Schuld des Arbeiters beruhen.

Unterwirft der Arbeiter sich jedoch der Billigung des Bestellers, dann übernimmt er damit eine viel weitergehende Haftung. Die Billigung wird zwar beschänkt auf das boni viri arbitrium; aber dieses

---

[1]) Gegen die Unterscheidung ausdrücklich Goldschmidt (ZS XVI 363). Puntschart 448 beruft sich darauf, dafs l 36 den Institutionen des Florentin, also einem Elementarbuch, entnommen sei und sich daher gewifs einer präcisen Ausdrucksweise befleifsige. Aus demselben Grunde nehmen wir an, dafs der Jurist sich einer möglichst concreten Ausdrucksweise bedient und deshalb ein Naturereignis an Stelle der abstracten Kathegorie: schuldlose Unmöglichkeit setzte. Von vis maior braucht ein Anfänger überhaupt nichts zu wissen.

[2]) Puntschart 433. Mommsen I 378. Windscheid Pand. § 401. Göschen § 514 (Nr. 8). Burchardi 143. Brinz II (2) 765.

arbitrium berechtigt den Besteller zur Zurückweisung auch wegen solcher Fehler, für welche der Arbeiter sonst nicht einzustehen brauchte; er kann ein vollkommen fehlerfreies Werk fordern, denn in der Zulassung der Approbation liegt eine Garantieübernahme für Fehlerlosigkeit.[1])

Andererseits aber befreit auch die vorbehaltlose Annahme nach der Billigung den Arbeiter von jeder weitergehenden Haftung.

Was die Approbation dadurch für die Gefahrfrage für Consequenzen mit sich führt, soll später besprochen werden. Hier war nur soviel festzustellen, dafs eine Approbation mit ihren Folgen nur dann anzunehmen ist, wenn sie von den Parteien ausdrücklich oder stillschweigend ausbedungen ist; dafs aber an und für sich die Notwendigkeit einer solchen aus der Natur der Leistung allein nicht zu entnehmen ist.

Im III. Bande seiner Beiträge hat Mommsen zugegeben, dafs seine frühere Interpretation jener Stellen den Widerspruch nicht zu lösen vermöge; er glaubt nun aber auf l 33 wegen jener blos beiläufigen Erwähnung überhaupt keinen Wert zu legen zu brauchen, während er l 59 dadurch erklärt, dafs Javolenus ohne weitere Kritik eine abweichende Meinung des Sabinus referiert.

Die Ansicht derer, welche in l 59 nur den Satz finden, dafs der redemptor wegen Zufalles nicht für das Interesse hafte,[2]) scheitert an dem Sprachgebrauch des Wortes periculum.

Die sämtlichen eben besprochenen Versuche gehen von dem Bestreben aus, den klaren Sinn der citierten Stellen hinwegzudeuten, weil sie denselben mit den allgemeinen Grundsätzen des römischen Rechtes über die Gefahr oder mit dem Ausspruch der ll 36. 37. 62 ht. nicht für vereinbar halten. Beide Gründe fallen für uns weg, da sich die letzteren Fragmente anders erklären lassen, die allgemeinen Grundsätze über Mietsverträge aber gerade den Satz rechtfertigen, welchen jene verwerfen. Deshalb finden wir bei unbefangener Betrachtung der beiden Stellen darin das Princip ausgesprochen, dafs der Arbeiter trotz Unmöglichkeit der Leistung den Preis fordern könne; was aber auch wir in die Stellen hineinlegen, ist der gleichfalls aus den allgemeinen Normen des Mietsrechtsverhältnisses folgende Satz, dafs die Gegenleistung nur im Verhältnis der thatsächlich geleisteten Arbeit gefordert

[1]) Auch Dankwardt (348) hält bei jedem materiellen opus (wozu er aber auch den Transport von Sachen rechnet 319), den Arbeiter dazu verpflichtet, opus locatori probare. Probare übersetzt er mit „Abliefern“ und definiert dies als eine mit dem Nachweis der contractlichen Beschaffenheit verbundene Übergabe. Seuffert II 333 und Sintenis II 671 sprechen nur davon, dafs häufig ein solcher Vorbehalt vorkommt.

[2]) Koch, R. der Ford. III 820. Dagegen Mommsen I 379. Über die Kochsche Interpretation der l 33 s. Mommsen I 381 Anm. 16.

werden kann; ein Satz, der übrigens praktisch in den meisten Fällen schon aus der analogen Ausdehnung des in l 19 § 9. 10 D ht. enthaltenen Princips zu entnehmen wäre.

Die entgegengesetzte Entscheidung scheint freilich für den Frachtvertrag in l 10 pr D 14, 2 des Labeo enthalten zu sein. Die Stelle lautet:

Si vehenda mancipia conduxisti, pro eo mancipio, quod in nave mortuum est, vectura tibi non debetur. Paulus: immo quaeritur, quid actum est, utrum ut pro his qui impositi an pro his qui deportati essent, merces daretur: quod si hoc apparere non potuerit, satis erit pro nauta, si probaverit impositum esse mancipium.

Dies Fragment in Verbindung mit l 15 § 6 und dem Anfang von l 36 ht. bietet die Hauptstütze derer, welche principiell bis zur Vollendung des Werkes den Arbeiter die Gefahr tragen lassen. Der Beweiskraft dieser Stelle steht jedoch folgendes entgegen:

Labeo spricht von einem Falle, in welchem es sich um den Transport nicht eines Sklaven, sondern einer ganzen Anzahl solcher und zwar mit der Mafsgabe handelt, dafs der Preis pro Kopf bestimmt ist. Stirbt einer der Sklaven, so entscheidet er sich dahin, dafs der Preis für diesen nicht gezahlt zu werden brauche.

Es mag dahingestellt bleiben, ob Labeo ebenso entschieden hätte, wenn der Frachtvertrag auf den Transport eines Sklaven beschränkt wäre; in der Gestalt jedenfalls, wie sich die Stelle mit der Paraphrase des Paulus darstellt, lehrt sie nicht das, was man gewöhnlich in ihr findet. Paulus bespricht nämlich allein den Fall des Transportes vieler, mit Preisbestimmung pro Kopf und stellt die Frage allein auf den Parteiwillen; es komme darauf an, ob der Preis nach der Zahl der Eingeschifften oder der Übergesetzten fixiert sei, in dubio sei das erstere anzunehmen.[1])

Mit letzterem Satz will er offenbar keine dispositive Rechtsnorm lehren, sondern allein eine bestehende Handelsgewohnheit. Im ganzen betrachtet er das Verhältnis wie ein der emtio ad mensuram analoges, bei welcher ebenso wie hier die Parteiabrede bezüglich des Preises, welche auch dort in doppeltem Sinne interpretiert werden kann, den gesetzlichen Gefahrsübergang modificiert.

Damit läfst er aber die Frage offen, wie es zu halten ist, wenn weder Handelsüsance noch Parteiabrede den Ausschlag geben, und diesen Fall würden wir mit dem HGB. dahin entscheiden, dafs dem Frachtführer die Fracht nach Verhältnis des vollbrachten Transportes gebühre.

---

[1]) Puntschart 461 formuliert den Unterschied dahin, ob das Jahrgeld für die Plätze zum Transport oder für den Transport selbst festgesetzt ist.

Das Resultat, zu dem wir gelangen, formulieren wir dahin, dafs bei schuldloser Unmöglichkeit der Arbeit dem Arbeiter die Gegenleistung im Verhältnis zu dem von ihm Geleisteten dann gebühre, wenn keine Approbation ausbedungen ist.[1] Und zwar bestimmt sich das Mafs der ihm hiernach zukommenden Vergütung nach den bereits aufgewandten Kosten und Auslagen einerseits und nach einer angemessenen Entschädigung für die erforderliche Arbeitszeit andererseits, beides berechnet im Verhältnis zu dem verabredeten Gesamtspreis.

Diese Regel bezieht sich auf alle Fälle wahrer Unmöglichkeit, also auf Nichtannahme seitens des locator nur in den oben festgestellten Grenzen. Zweifelhaft kann nur sein, ob auch hier ein Zufall, der die Sache trifft, d. h. also die Sache des Arbeitsherrn ebenso wie bei der Dienstmiete nicht als wahre Unmöglichkeit gilt und den Arbeiter zur Forderung des ganzen Preises berechtigt.[2] Dies ist für den Fall zu bejahen, dafs der Zufall den Arbeitsherrn verhindert, die Sache dem Arbeiter überhaupt zu übergeben, doch auch hier mit der Beschränkung der l 19 §§ 9. 10 ht. Hat er sich aber einmal durch die Übergabe der Sache thatsächlich in gewissem Sinne entäufsert, dann mufs man wohl jeden weiteren Zufall als wahre Unmöglichkeit betrachten. Es folgt dies aus den in den hier besprochenen und zu besprechenden Fragmenten erörterten Fällen. Der Unterschied gegen die Dienstmiete liegt darin, dafs dort der Arbeitsherr zur ständigen Controlle und zur ständigen Gewährung des Materials berechtigt und verpflichtet ist, während er bei der Werkverdingung die Ausführung und damit das Schalten und Walten mit dem Material dem eigenen Ermessen des Arbeiters überläfst; der Pflicht, das Seinige zur Möglichkeit der Ausführung beizutragen, genügt er durch die blofse Hingabe der Sache.

Die im Vorgehenden dargestellten rein dispositiven Normen über den Gefahrsübergang bei der Werkverdingung erleiden eine erhebliche Modification, wenn der Vertrag die Bedingung der Approbation seitens des Bestellers enthält. Diese Abrede berechtigt den Letzteren, sich durch Augenschein von der Probemäfsigkeit des Werkes zu überzeugen und dasselbe nur abzunehmen, falls er dieser gewifs ist. Darin liegt, wie wir oben ausgeführt haben, eine über die gesetzliche Haftung hinausgehende Garantie des Arbeiters für die Fehlerfreiheit seines Werkes. Das Gesetz beschränkt die Haftung auf diejenigen Mängel, welche dem Arbeiter als Schuld anzurechnen sind, indem es die Gefahr des Zufalls grundsätzlich dem locator auferlegt. Diese gesetzliche Haftung wird durch die Abrede der Approbation dahin gesteigert, dafs

---

[1]) So aber ohne letztere Beschränkung Windscheid § 401, Buchholz 7, Seuffert § 333, Molitor les Oblg. I § 285.

[2]) So Bolze 92.

der Arbeiter eine Garantie für die Fehlerfreiheit übernimmt; jede Garantie schliefst die Rücksichtnahme darauf, ob die Mängel durch Schuld oder durch Zufall herbeigeführt sind, aus. Der Besteller ist nur insofern zur Abnahme verpflichtet, als ihm ein absolut fehlerfreies Werk zur Besichtigung gestellt wird; jeder Mangel schliefst die Probemäfsigkeit aus, wieviel mehr noch der Zufall, welcher überhaupt die Fertigstellung hindert; und deshalb involviert diese Abrede eine contractliche Übernahme der Gefahr durch den conductor und zwar normalerweise bis zur thatsächlich erfolgten Approbation.[1])

Andererseits aber ist diese Approbation nicht in dem Sinne eine wirkliche Bedingung, dafs sie die Perfection des Rechtsverhältnisses aufschöbe; sie soll nichts sein, als eine Modalität der Erfüllung mit dem ausgesprochenen Zweck, den Besteller hinsichtlich der Probemäfsigkeit des Werkes sicherzustellen.[2]) Aber sie verpflichtet den Arbeiter auch nur zur probemäfsigen Herstellung. Trifft ein Zufall irgend welcher Art das Werk zwischen Fertigstellung und Billigung, so liegt nunmehr keine Veranlassung mehr vor, den Arbeiter die Gefahr tragen zu lassen. Sein Anspruch ist aber abhängig von dem schwierigen Beweise der Probemäfsigkeit des Werkes. Und zwar wird sich dieser Beweis nicht darauf beschränken dürfen, darzuthun, dafs der Arbeiter den Bestimmungen des Vertrages gemäfs gearbeitet hat, wie Puntschart (457) und wohl auch Mommsen (I 377) meinen. Er mufs auch insofern die Fehlerlosigkeit nachweisen, als er zeigen mufs, dafs das Material, so weit er es zu liefern hatte, gut war, und dafs bei der Ausführung mit der nötigen Sorgfalt vorgegangen worden ist. Die Abwesenheit einzelner Fehler kann er natürlich nicht beweisen; der Nachweis solcher liegt dem Besteller ob.[3])

Die Bestätigung dieser Grundsätze finden wir in folgenden Stellen:

l 36. 37 D ht. Florentinus Javolenus:

l 36. Opus quod aversione locatum est, donec adprobetur, conductoris periculum est: quod vero ita conductum ut in pedes mensurasve praestetur, eatenus conductoris periculo est, quatenus admensum non sit: et in utraque causa nociturum locatori, si per eum steterit, quominus opus adprobetur vel admetiatur · si tamen vi maiore opus prius interciderit quam adprobaretur, locatoris periculo est, nisi id aliud actum sit: non enim amplius praestari locatori oporteat, quam quod sua cura atque opera consecutus est.

---

[1]) Ähnlich Bolze 99.

[2]) Es ist Puntschart (392 f.) zuzugeben, dafs das arbitrium des Bestellers wirkliche Bedingung des Vertrages sein kann. Aber dies mufs dann ausdrücklich festgesetzt sein und gewifs liegt der Unterschied nicht in den von ihm angeführten Stellen (391).

[3]) Vgl. Windscheid Krit. VJS II 140.

l 37. Si priusquam locatori opus probaretur, vi aliqua consumptum est, detrimentum ad locatorem ita pertinet, si tale opus fuit, ut probari deberet.

l 62 eod. Labeo:

Si rivum quem faciendum conduxeras et feceras, antequam eum probares, labes corrumpit, tuum periculum est. Paulus: immo si soli vitio id accidit, locatoris erit periculum, si operis vitio accidit, tuum erit detrimentum.

Die Interpretationen aller derjenigen Schriftsteller, welche die Approbation ebenso wie hier auch in ll 33. 59 supponieren und deshalb diese Stellen mit jenen zu vereinigen suchen, gehen naturgemäfs in zwei Richtungen auseinander.

Die einen sehen das Princip im Anfang der l 36 dahin ausgesprochen, dafs die Gefahr des Zufalles regelmäfsig den Arbeiter treffe; eine Ausnahme finden sie im Schlufs der Stelle sowie in ll 37. 33. 59. 62 für den Fall eines besonders qualificierten casus statuiert. Diese Theorie ist oben besprochen worden.

Andere wiederum schliefsen aus allgemeinen Grundsätzen, in Verbindung mit ll 33. 59. 62, dafs der Besteller die Gefahr sowohl des vollendeten als des begonnenen Werkes trage. Dies finden sie im Schlufs der l 36 ausgesprochen; den an den Anfang derselben gestellten Satz beziehen sie allein auf ein periculum culpae.[1]) Diese Annahme trägt nicht nur in die Stelle etwas hinein, was darin an und für sich nicht gesagt ist, sie steht auch in Widerspruch mit dem Ausdruck periculum, welcher stets da, wo er ohne jeden Zusatz gebraucht wird, auf die Gefahr des Zufalles zu beziehen ist; auch wäre die Erwähnung des periculum gar zu müfsig. Endlich wendet Puntschart (435) mit Recht ein, dafs das si tamen eine Ausnahme von dem im Anfang aufgestellten Princip einleiten soll, das periculum culpae und periculum casus aber nicht im Verhältnis von Regel und Ausnahme zu einander stehen, sondern coordinierte Momente sind.

Wenn wir l 36 zunächst ohne Rücksicht auf ihre Vereinigung mit den anderen Stellen zu interpretieren suchen, so wird es sich zuerst darum handeln, den Widerspruch zwischen dem Anfang und Schlufs der Stelle zu lösen. Der Anfang sagt, dafs die Gefahr bis zur Approbation den Arbeiter treffe; der Schlufs: dafs ein Zufall, der das Werk vor der Approbation zerstört, dem Besteller zur Last falle, sofern wie l 37 hinzusetzt, das Werk so war, dafs es hätte gebilligt werden

[1]) Windscheid Krit. II 141. Pand. II S. 501; wohl auch Arndts § 315. Buchholtz 7, 8. Mühlenbruch II § 414 Nr. 10. Schilling Instit. III § 309. Goose 218 Anm. 53.

müssen; ferner macht l 36 die Ausnahme, dafs mora locatoris die Gefahr auf ihn übertrage.

Dieser Zusatz giebt die einzige ungezwungene und natürliche Erklärung: denn wenn überhaupt die Probemäfsigkeit des Werkes und verzögerte Approbation seitens des Bestellers in Frage kommen kann, dann mufs dasselbe vor allen Dingen fertiggestellt sein. Die Ausnahme, welche l 36 und 37 von dem im Anfang ausgesprochenen Grundsatze machen, bezieht sich auf den Fall, wo der Zufall das fertige Werk vor der Approbation trifft.[1])

Allerdings liegt dann in dem Schlufssatze der l 36 eine kleine Ungenauigkeit, da dieser auf ein periculum culpae im Anfange hinzudeuten scheint,[2]) indem er sagt, dafs dem locator nicht mehr zu prästieren sei, quam quod sua cura atque opera consecutus esset. Wenn hier eine Emendation geboten scheint, so genügt es, das esset in est zu verändern; dann läfst sich das sua auf den Arbeiter beziehen und lehrt der Satz folgendes: der Arbeiter hat nicht mehr zu prästieren, als was er zu prästieren übernommen hat, nämlich die fehlerlose Herstellung des Werkes. Über die Herstellung hinaus wäre es daher unbillig, ihn die Gefahr tragen zu lassen.[3])

Auch in dieser Frage scheint Labeo wie oben bei l 10 pr D 14, 2 abweichender Ansicht gewesen zu sein. Auch er spricht in l 62 von einem Falle, wo Approbation verabredet war und das Werk vor derselben aber nach der Fertigstellung zerstört wurde. Labeo lehrt, dafs der Zufall den Arbeiter treffe. Paulus berichtigt dies dahin, dafs dies nur dann der Fall sei, wenn mangelhafte Ausführung des Werkes Schuld an dem Untergange trage; nicht aber, wenn ein anderer Zufall, wie z. B. ein soli vitium den Zusammenbruch veranlasse. Dadurch bringt er die Stellen mit ll 36. 37 in Einklang. In diese Stelle hat Mommsen gleichsam künstlich einen Widerspruch mit diesen letzteren Fragmenten hineingetragen dadurch, dafs er das soli vitium allein auf eine Schuld des Bestellers bezog.[4]) Er hat diese in nichts begründete Behauptung später selbst widerrufen.

Ist Approbation und Abnahme der einzelnen Teile verabredet, so gilt für jeden Teil dasselbe, was oben für das Ganze gelehrt wurde. Dies sagt der zweite Satz der l 36, welcher jedoch mit Rücksicht auf l 37 dahin zu ergänzen ist, dafs jeder fertige Teil nur dann auf Gefahr des Bestellers gehe, wenn er probemäfsig vollendet ist.[5]) Der

---

[1]) So Mommsen I 373. Burchardi 141. Dagegen Windscheid Krit. 141.
[2]) Mommsen I 373.
[3]) Puntschart (436) verbessert locatori in conductori. Wie hier Burchardi 141.
[4]) Buchholtz 4 so wie Mommsen.
[5]) So Mommsen I 378.

Unterschied gegen l 59 liegt darin, dafs hier der Arbeiter die Gegenleistung genau nach Verhältnis der geleisteten Arbeit erhält, bei der Bedingung der l 36 jedoch nur nach Vollendung eines jeden Teilstückes.

Die hiernach für den Fall der Approbation geltenden Grundsätze stehen mit denen der ll 33. 59 also deshalb nicht in Widerspruch, weil in diesen Stellen eine Approbation nicht ausbedungen und auch nicht stillschweigend zu ergänzen ist.

§ 22. Nachdem wir nunmehr die Besprechung der Mietsverträge beendigt haben, bleibt noch einiges über die Anwendung des Perfectionsbegriffes auf dieselben zu sagen übrig. Es wird sich dabei herausstellen, dafs dieser Begriff, welcher an und für sich hier ebenso anwendbar wäre, wie bei Sachleistungsverträgen, deshalb nicht die gleiche Ausbildung erfahren hat, weil die positive Regelung der Gefahrfrage jede Rücksichtnahme auf einen Moment zwischen Contractsabschlufs und Erfüllung ausschlofs.

Der Abschlufs eines Mietsvertrages steht nach pr J 3,24 unter denselben Grundsätzen wie der des Kaufs; er ist erfolgt mit dem Consens über Gewährung einer Sache oder von Diensten resp. über Vollendung eines gewissen Werkes gegen eine bestimmte oder mit einiger Sicherheit bestimmbare Summe Geldes.[1])

Nach Abschlufs des Vertrages ist eine Imperfection des Rechtsverhältnisses ebenso nach drei Richtungen denkbar wie beim Kauf.

1) Auf Grund einer Suspensivbedingung.

2) Auf Seite des sachlichen Objects kann ebenso Mangel der Individualisierung als Hindernis der Perfection betrachtet werden. Die Sachmiete bezieht sich zwar meist sogleich auf Gewährung einer Species und ebenso die Werkverdingung da, wo es sich um die Hervorbringung eines materiellen opus aus specialisiertem Material handelt. Ist aber die Arbeit allein Object des Rechtsverhältnisses, so kommt dies erst in und mit der Erfüllung zur individuellen Existenz, da die Arbeit vorher etwas völlig Abstractes und Ungreifbares ist.[2])

3) Unbestimmtheit des Preises kann nach abgeschlossenem Vertrage hier ebenso Grund der Imperfection sein.

Die Preisbestimmung kann dem Gutachten eines Dritten (§ 1 i. f. J 3,23) oder der Feststellung durch spätere thatsächliche Momente

---

[1]) pr J 3,24 und l 22 D 19,5 enthalten Fälle, in denen die mangelnde feste Preisbestimmung aus der Miete einen Innominatvertrag machen. Mommsen I 404.

[2]) Ulpianus l 9 pr D 38,1: operae in rerum natura non sunt.

vorbehalten sein. Beides gilt als Bedingung des Rechtsverhältnisses und fällt unter die erste Kathegorie. Es kann aber auch hier — und dies gilt auch für den Kauf — die Sachleistung trotzdem unbedingt zu prästieren sein. Jene Abrede ist dann nur Bedingung der Zahlungsverbindlichkeit und hindert den Gefahrsübergang hier ebensowenig, als beim Kauf.

Der Preis kann ferner auch ad mensuram bestimmt werden und zwar in verschiedener Weise:

Einmal kann er normiert sein nach der Zeit der Benutzung resp. der Gewährung der Dienste; bei Sach- und Dienstmiete liegt dies in der Natur des Rechtsverhältnisses selbst; möglich ist aber eine derartige Vereinbarung auch bei der Werkverdingung, insofern der einheitliche Charakter des Werkes nur dadurch gewahrt bleibt, daſs die universitas consummationis ad conductorem pertinet. (l 51 § 1 D ht.)

Eine solche Unbestimmtheit des Preises wäre an und für sich wohl fähig, als Grund der Imperfection zu gelten; andererseits aber ist sie für die gesetzliche Gefahrnormierung deshalb unerheblich, weil sie eine direct auf den Übergang der Gefahr gerichtete Abrede enthält: und diese Abrede führt die gesetzlichen Normen über das periculum durch die Hinterthür wieder ein, indem sie ebenso wie diese die Gegenleistung nach dem Maſse der Arbeits- resp. Mietszeit bemiſst.

Eine Änderung des dispositiven Rechtes enthält eine solche Vereinbarung nur dann, wenn sie gleichzeitig den Mieter oder Arbeitsherrn berechtigt, von der Sache oder den Diensten nur Gebrauch zu machen, falls er davon Gebrauch machen will.

Das eben Gesagte findet auch auf Werkverdingung Anwendung, wenn hier der Preis bestimmt ist nach Maſs, Zahl oder Gewicht des Arbeitsproductes: auch diese Abrede beschränkt, ebenso wie das Gesetz, die Gegenleistung auf das Maſs des wirklich Geleisteten.

Bei der Sachmiete ist aber endlich eine Preisbestimmung ad mensuram in ebenderselben Weise möglich wie beim Kauf. Bei Vermietung von Räumlichkeiten kann der Preis pro Tag und Quadratmeter, bei Maschinen pro Tag und Pferdekraft und ähnlich in mannigfachen anderen Verhältnissen normiert sein.[1]) Alsdann ist der Vertrag imperfect bis zur Ermittelung des Preises und diese Ermittelung hat regelmäſsig in und mit der Übergabe zu geschehen. Auch hier aber übt dies auf die Gefahr keinen Einfluſs aus, weil diese ja jedenfalls erst mit der Übernahme übergeht.

Wird die Sache ohne diese Ermittelung übergeben, wie dies in einigen der erwähnten Fälle nicht anders möglich ist, so handelt es

---

[1]) Einen solchen Fall bespricht l 10 § 2 D 14, 2. Regelsberger Krit. XIII 105.

sich später darum, objectiv das bezügliche Mafs festzustellen. Es findet hier das oben S. 85 Gesagte entsprechende Anwendung.

Aus alledem geht hervor, dafs bei den Mietsverträgen infolge der gesetzlichen Gefahrnormierung der zwischen Abschlufs und Erfüllung liegende Moment der Perfection für die Gefahrfrage unerheblich bleiben mufste. Warum aber das Gesetz hier nur an die Erfüllung und nicht an die Perfection jene wichtigen Folgen knüpfte, soll später erörtert werden.

c) Die Innominatverträge.

§ 23. Unter diesem Namen werden diejenigen wesentlich zweiseitigen Verträge zusammengefafst, welche nicht unter die benannten Kathegorien fallen und deren charakteristisches Merkmal darin besteht, dafs ein klagbares Rechtsverhältnis sich hier wie bei den einseitigen Realverträgen erst an die wirklich erfolgte Leistung des einen Teiles knüpft. Die Gegenleistung kann alsdann durch die actio praescriptis verbis erzwungen werden. Daraus ergiebt sich von selbst, dafs nur diejenigen Fälle einer ob rem datio in Betracht kommen, in denen die Nachleistung den Charakter einer obligatorisch erzwingbaren Handlung des Empfängers hat.[1])

Auch hier stehen Leistung und Gegenleistung sich im Verhältnis ökonomischer Aequivalente gegenüber. Freilich aber ist hier wie nirgend sonst in der Bestimmung dieses Wertverhältnisses der Parteilaune ein grofser Spielraum gelassen, da gerade in dieser Form Leistungen zum Gegenstande eines Rechtsverhältnisses gemacht werden, welche an sich nicht Gegenstand einer Obligation zu sein pflegen.

Der Umstand, dafs die Wirksamkeit des Rechtsverhältnisses erst mit der einen Leistung beginnt, führt zu folgenden für die Gefahrfrage erheblichen Consequenzen.

1) Jede Unmöglichkeit, welche vor dieser Leistung eintritt, gilt als anfängliche Unmöglichkeit und hindert das Zustandekommen des Rechtsverhältnisses. Das von der anderen Seite trotzdem Geleistete kann zurückgefordert werden. (l 3 § 5 D 12,4.)

2) Eine wahre Unmöglichkeit kann sich daher nur auf die zweite Leistung beziehen. Die erste Leistung tritt dadurch an die Stelle der Geldleistung bei Kauf und Miete, da auch sie wie diese nie unmöglich werden kann. Die Gefahrfrage mufs daher dahin formuliert werden: kann der Vorleistende seine Leistung dann zurückfordern, wenn die des anderen Teiles nachher durch Zufall unmöglich geworden ist?

---

[1]) Mommsen I 388.

3) Wenden wir endlich auch auf diese Rechtsverhältnisse den Perfectionsbegriff an, so würde derselbe folgende Modificationen erleiden.

Erstens fiele jedes Hindernis der Perfection, welches in der Vorleistung seinen Grund hätte, weg, da erst mit der wirklichen Prästation dieser das Rechtsverhältnis seine Existenz beginnt.

Steht eine aufschiebende Bedingung in Frage, so ist zuerst zu untersuchen, ob diese sich nur auf die Nachleistung bezieht oder ob sie trotz erfolgter Vorleistung das ganze Rechtsverhältnis betrifft. Im letzteren Fall geht die Gefahr frühestens mit der Perfection, d. h. dem Eintritt der Bedingung über; Vereitelung derselben berechtigt zur Rückforderung der ersten Leistung. Die andere Eventualität, dafs die Bedingung sich nur auf die eine Seite des Rechtsverhältnisses bezieht, kann auch bei Geschäften eintreten, welche sonst reine Kauf- oder Mietsrechtsverhältnisse erzeugen würden. Derartige Gestaltungen kann man aber jedenfalls nicht von vorneherein als wesentlich zweiseitige Verträge auffassen. Die Hingabe oder Verpflichtung der einen Seite ist eine reine datio ob causam resp. eine rein einseitige Verpflichtung, Eintritt oder Ausfall der Bedingung entscheiden erst, ob sie dies bleiben oder ob sie zukünftig als die eine Hälfte eines zweiseitigen Rechtsverhältnisses aufzufassen sind.[1])

Endlich kann bei Sachleistungen die Unbestimmtheit des Objects der Nachleistung die Perfection und damit die Gefahr bis zur erfolgten Individualisierung aufschieben. Hier findet alsdann das für den Kauf bezüglich der Individualisierung Gesagte entsprechende Anwendung.[2])

Die Gefahrfrage wird in den Quellen dahin beantwortet, dafs schuldlose Unmöglichkeit der zweiten Leistung die Rückforderung des Gegebenen ausschliefst und zwar sowohl bei den Contracten do ut des, als auch bei denen do ut facias. Es geht dies aus folgenden Stellen hervor:

l 5 § 1 D 19, 5 Paulus:

Et si quidem pecuniam dem, ut rem accipiam, emptio et venditio est: sin autem rem do, ut rem accipiam, quia non placet, permutationem rerum emptionem esse, dubium non est nasci civilem obligationem, in qua actione id veniet, non ut reddas, quod acceperis, sed ut damneris mihi, quanti interest mea illud, de quo convenit accipere: vel si meum recipere velim, repetatur quod datum est, quasi ob rem datum re non

---

[1]) Dadurch erledigt sich der Zweifel in dem von Mommsen I 402, 403 erwähnten Fall.

[2]) Wollte man bei Innominatverträgen die Perfection in diesem Sinne nicht zugeben, so würde dies nur für den Fall des Unterganges des ganzen genus einen Unterschied bedeuten.

secuta. Sed si scyphos tibi dedi, ut Stichum mihi dares, periculo meo Stichus erit ac tu dumtaxat culpam praestare debes.

l 3 § 3 D 12, 4 Ulpianus:

Quid si ita dedi, ut intra certum temqus manumittas? Si nondum tempus praeteriit, inhibenda erit repetitio, nisi paeniteat: quod si praeteriit, condici poterit. Sed si Stichus decesserit, an repeti quod datum est possit? Proculus ait, si post id temporis decesserit, quo manumitti potuit, repetitionem esse, si minus cessare.

Vgl. l 5 pr. D eodem, Idem.[1])

Endlich die allgemein sprechende

l 10 C 4, 6:

Pecuniam a te datam, licet causa, pro qua data est, non culpa accipientis, sed fortuito casu secuta non est, mimine repeti posse certum est.

Die Allgemeinheit dieses Grundsatzes ist nach zwei Seiten hin Anfechtungen ausgesetzt worden.

Erstens fand man in l 3 § 4 D 12, 4 den Beweis dafür, daſs auch bei Innominatverträgen die Gefahr schon mit der Abrede übergehe,[2]) und zwar sei dies als eine Weiterbildung der Lehre aufzufassen. Es erscheint jedoch mehr als bedenklich, eine so weitgreifende Neuerung, welche das System völlig umgestalten müſste, auf Grund einer immerhin vereinzelten Quellenäuſserung anzunehmen. Vielmehr ist derjenigen Interpretation der Vorzug zu geben, welche in dem placuerat den Abschluſs einer Stipulation sieht, die in dem zweiseitigen Verhältnis die Stelle der Vorleistung einnimmt.[3]) Man darf nicht vergessen, daſs es sehr nahe lag, da die zweite Leistung durch die actio praescriptis verbis einklagbar war, auch die erste dadurch erzwingbar zu machen, daſs man sie in eine Stipulation einkleidete.

Andererseits ist aber auch das ganze Princip angefochten worden und zwar auf Grund der l 16 D 12, 4, welche mit den oben citierten Stellen in einem kaum lösbaren Widerspruch steht.[4])

Was zuerst die Versuche der Anhänger dieser „haltlosen Meinung“ [5]) betrifft, die obigen Beweisstellen zu entkräften, so fand man sich mit l 10 C cit. dadurch ab, daſs man sie durch die besonderen Umstände

---

[1]) Auf Grund dieser Stellen so wie hier: Fuchs 394, Windscheid Vorauss. 180, Pand. I § 100, Mommsen I 391. — Wenn die erste Leistung in einem Thun besteht, kann sich die Rückforderung nur auf die Bereicherung richten. 25 D 19, 5 l 4 D 12, 4. Vangerow III 239.

[2]) Von der Pfordten, Abhandlungen 278.

[3]) Vangerow III 209. Mommsen I 389. Savigny V 595. Erxleben 426 ff. 434.

[4]) Glück XIII 47. Mühlenbruch § 362. Donellus, comm. iur. civ. XIV 21. Cuiacius Observ. XXIII 19.

[5]) Vangerow l. c.

des Falles zu erklären suchte.[1]) In l 5 § 1 cit. dagegen sah man nur den Ausschlufs der actio praescriptis verbis auf die durch Zufall weggefallene Gegenleistung.[2])

Gegen diese Annahme spricht erstens wieder der Ausdruck periculum in seiner Anwendung auf zweiseitige Schuldverhältnisse; noch entschiedener aber der Zusammenhang des Schlufssatzes mit dem unmittelbar vorhergehenden, welcher unstreitig von der condictio handelt.[3])

l 5 pr. D ht. fafst Erxleben[4]) als ein Mandatsverhältnis auf, leitet die Rückforderung propter poenitentiam aus der freien Widerruflichkeit desselben ab und sieht in dem Anfang der Stelle keine Verhinderung, sondern nur eine Verzögerung der Reise.

Die letztere Annahme ist mit den Worten impedimento fuerit, quominus proficisceris und cum per te non steterit kaum vereinbar; auch wäre die Antwort auf die Frage, ob eine condictio statthaft sei bei einer Verzögerung, welche weder kontraktwidrig noch dauernd ist, eine viel zu selbstverständliche, als dafs der Jurist sich damit beschäftigte. Für jeden, der in der Frage des Reurechts nicht auf dem Standpunkte dieses Schriftstellers steht, sagt die Stelle unzweifelhaft, dafs bei schuldloser Unmöglichkeit die Rückforderung nicht propter causam non secutam, wohl aber propter poenitentiam zulässig sei.

l 3 § 3 endlich vereint Erxleben (363 ff, 366) mit l 5 § 4 eodem dadurch, dafs er dem Eigentümer des Sklaven die Vorleistung nur dann beläfst, wenn die Voraussetzungen vorhanden sind, unter denen die letztere Stelle die Rückforderung ausschliefst. Auch diese Annahme ist unverträglich mit jeder Auffassung des Reurechtes, welche von der dieses Schriftstellers abweicht. Denn sonst kann man nicht umhin, in l 3 § 3 den Ausschlufs der condictio, in l 5 § 4 aber die Zulassung des Reurechtes mit den bekannten Beschränkungen zu sehen.

Andererseits ist aber auch in den verschiedenen Versuchen l 16 mit den obigen Stellen in Einklang zu bringen, kaum ein befriedigendes Resultat erreicht worden.

Die Stelle lautet:

Celsus l 16 D 12, 4.

Dedi tebi pecuniam, ut mihi Stichum dares: utrum id contractus genus pro portione emptionis et venditionis est an nulla hic alia ob-

---

[1]) Donellus beruft sich hierfür auf das: haec causa. Wächter (doctr. 75) entgegnet ihm mit Recht, dies heifse nicht: haec causa de qua interrogas, sondern pro qua pecunia data est.

[2]) Die Obigen und Pfordten l. c. 278, Liebe Stipulation 357. Als möglich wird dies auch von Erxleben II 396 anerkannt.

[3]) Wächter doctr. 51. 52, Mommsen I 392, Vangerow III 210, auch Erxleben 413.

[4]) S. 257 f., 397. Dieser Schriftsteller lehrt bekanntlich Abweichendes für die Contracte do ut facias.

ligatio est, quam ob rem dati re non secuta? in quod proclivior sum: et ideo si mortuus est Stichus, repetere possum quod ideo tibi dedi, ut mihi Stichum dares. Finge alienum esse Stichum, sed te tamen eum tradidisse: repetere a te pecuniam potero, quia hominem accipientis non feceris: et rursus si tuus est Stichus et pro evictione eius promittere non vis, non liberaberis, quo minus a te pecuniam repetere possim.

Der Jurist bespricht den Fall, wo jemand eine Summe Geldes hingiebt um dafür einen Sklaven zu kaufen. Er lehnt den Gesichtspunkt des Kaufes ab und will nur den einer obligatio ob rem dati gelten lassen: dies offenbar deshalb, weil der Empfänger sich ausdrücklich zur Eigentumsübertragung verpflichtet hat.[1]) Die Basiliken (XXIV I c 16) fassen das Geschäft als reinen Tausch auf. Diese Annahme ist dann willkürlich, wenn sie auf der Voraussetzung beruht, das Geld sei von Anfang an als species bezeichnet gewesen. Setzt man hingegen voraus, dafs ein Innominatvertrag deshalb hier angenommen werde, weil die Parteien Eigentumsübertragung wollten, so ergiebt sich die Annahme eines Tausches von selbst. Denn dieser Vertrag wird erst durch die Leistung wirksam, und in der Leistung liegt die Individualisierung des Geldes.

Celsus spricht den Satz, dafs in einem derartigen Falle die Rückforderung auch bei schuldloser Unmöglichkeit statthaft sei, mit solcher Bestimmtheit aus, dafs man, hätte die Stelle allein gestanden, unzweifelhaft darin den Ausspruch eines allgemeinen Princips hätte finden müssen. Die Vermutung liegt auch nahe, dafs Celsus wirklich Vertreter einer abweichenden Meinung gewesen ist, freilich im Gegensatz zu dem, was Proculus schon ein halbes Jahrhundert vor ihm gelehrt hatte.[2])

Für den Zusammenhang der Codification bieten sich zwei Wege der Auslegung dar: erstens kann man die Zurückforderung als ex capite poenitentiae zugelassen betrachten, wie es Fuchs (305) und schon vor ihm Stryk[3]) gethan haben. Diese Auslegung thut aber insofern dem Sinne der Stelle Gewalt an, als diese die Rückforderung aus der Natur der obligatio ob rem dati ableitet.[4])

Ferner aber — und diese Annahme verdient den Vorzug — läfst sich der Ausspruch des Juristen auf einen Fall anfänglicher Unmög-

---

[1]) Wächter doctr. 64. Mommsen I 393 Anm. 16. Erxleben II 389. Bechmann II 72. Dernburg Pand. II § 94 Anm. 5.

[2]) Windscheid Vor. 181, Pand. I § 100 Anm. 6. Glück XIII 46—48. Mommsen I 394 (zweifelnd). So auch Erxleben (416), indem er ausführt, dafs l 16 den Standpunkt der reinen datio ob rem, nicht den eines zweiseitigen Rechtsverhältnisses vertritt. Vgl. auch Wolff 135-137.

[3]) Usus modern. XII, 4 § 7. Dagegen Wächter doctr. 59, Vangerow l. c., Mommsen I 398.

[4]) So Mommsen l. c.

lichkeit beziehen, wenn man voraussetzt, dafs der Sklave zur Zeit der ersten Leistung schon tot war.[1]) Der Vorwurf der Ungenauigkeit[2]) trifft hier nicht Celsus, sondern die Compilatoren. Und dieser Annahme steht auch nicht entgegen, dafs Celsus, der die Frage untersucht, ob eine obligatio ob rem dati begründet sei, unmöglich Umstände voraussetzen kann, welche das Zustandekommen einer solchen von vorneherein unmöglich machen.[3]) Der wichtige Unterschied der obligatio gegen den Kauf besteht immer noch darin, dafs hier der Tod des Sklaven vor dem Contract, dort hingegen nur vor der Leistung einzutreten braucht, um als anfängliche Unmöglichkeit zu gelten.

Damit fällt der Widerspruch der l 16 mit dem unzweideutig in den oben citierten Stellen ausgesprochenen Princip, welches dahin zu formulieren ist: dafs bei Innominatverträgen ebenso wie beim Kauf die schuldlose Unmöglichkeit der Nachleistung nicht zur Rückforderung der ersten Leistung berechtigt.[4])

Erxleben erkennt diesen Satz unbeschränkt nur für die Contracte do ut des an; bei der allgemeinen Kathegorie do ut facias hingegen meint er, dafs es bezüglich der Gefahr auf das Verhältnis von Leistung und Gegenleistung in dem einzelnen Fall ankomme. (424.) Er stützt sich hierfür auf l 5 § 4 cit., eine Stelle, die indessen allein auf das Reurecht zu beziehen ist, während er l 3 § 3 und l 5 pr ht auf die oben widerlegte Art seiner Meinung gefügig zu machen sucht. Eine allgemeine Ausnahme von dem Princip statuiert er für diejenigen Verträge, welche ihrer Natur nach mit der Miete verwandt sind: hier soll die Behandlung der Unmöglichkeit unter den Normen des Mietsrechtes stehen (418). Einen quellenmäfsigen Beweis hierfür ist er aber aufser Stande zu erbringen und für jeden, der hinsichtlich der Interpretation der ll 3 § 3 und 5 pr auf dem hier vertretenen Standpunkte steht, ist diese Annahme mit dem in jenen Stellen für alle Contracte do ut facias ohne Einschränkung Gelehrten unvereinbar.

Dieser und alle ähnlichen Versuche aber, welche bei Entscheidung der Gefahrfrage Rücksicht auf die ökonomische Natur der einzelnen Geschäfte nehmen wollen, haben einen sehr realen Hintergrund. Sie gehen aus der Erkenntnis hervor, wie unbillige Consequenzen die absolute Durchführung einheitlicher Normen in Rechtsverhältnissen nach sich ziehen würde, die ihrem wirtschaftlichen Wesen nach so verschieden wie nur möglich von einander sein können. Besonders fühlbar würde die Härte bei mietsähnlichen Verträgen sein. Man darf nicht

---

[1]) Vangerow 210, Wächter doctr. 61—67, Arch. XV 217.

[2]) Erxleben 404.

[3]) Erxleben 405.

[4]) Windscheid Vor. 180 f., Pand. § 100. Mommsen I 392. Fuchs 394. Wächter 211 ff. Vangerow III 208.

vergessen und Erxleben (419) macht mit vollem Recht darauf aufmerksam, dafs in der Praxis der Unterschied zwischem dem reinen Mietsvertrage und dem mietähnlichen Innominatvertrage ein ganz minimaler und rein zufälliger sein kann; und trotzdem soll, wenn aus besonderen persönlichen Rücksichten oder den Ortsgewohnheiten zufolge der Mietspreis nicht in Geld, sondern in einer Quantität Getreide oder irgend wie anders bestimmt ist, bei zufälliger Unmöglichkeit der Mieter den Preis für die ganze Mietszeit zahlen, während er ihn bei der reinen Miete nach Verhältnis des gemachten Gebrauchs reducieren dürfte.

Die Normen, welche sich allein auf die Rückforderung ob causam non secutam beziehen, führen diese Unbilligkeit unzweifelhaft mit sich; dieselbe wird aber wiederum ausgeglichen durch das den Innominatverträgen specifische Institut des Rücktritts ex capite poenitentiae.[1]) Nach dem klaren Ausspruch der ll 3 § 3 und 5 pr § 4 ht. wird der Rücktritt des Gebers vom Vertrage auch durch die Unmöglichkeit der Gegenleistung nicht ausgeschlossen. Der innere Grund einer solchen Befugnis liegt offenbar darin, dafs die erste Leistung nicht solvendi, zur Erfüllung einer bestehenden Verpflichtung, sondern contrahendi causa gemacht wird, und es daher dem Geber freisteht, diese freiwillige Leistung bis zum wirklichen Empfang der Gegenleistung zurückzufordern.

Bei kaufähnlichen Verträgen wird dadurch die Gefahr vom Geber auf den Empfänger wieder zurückübertragen; nur hat letzterer das Recht, Ersatz für alles zu verlangen, was er aus Anlafs des Vertrages eingebüfst hat und insbesondere das Empfangene dann ganz zurückzuhalten, wenn der Schaden selbst Folge des Vertrages ist.

Bei allen mietähnlichen Verträgen führt dieser letztere Grundsatz zu einer Verteilung des Schadens, welche der bei reinen Mietsverträgen geltenden absolut gleich steht. Principiell kann der Geber, d. h. also der Mieter resp. Werkvordinger seine ganze Leistung zurückfordern: der Vermieter resp. Arbeiter kann aber soviel zurückhalten, als ihm Aufwendungen und Schaden in Folge des Vertrages erwachsen sind: und dies wird berechnet nach der Zeit des thatsächlich gemachten Gebrauches oder der vollbrachten Arbeit.

Mit der Lehre des kanonischen und gemeinen Rechts von der allgemeinen Klagbarkeit der Verträge mufste notwendig das ganze

---

[1]) Bekanntlich herrscht über die Ausdehnung dieser Befugnis Streit. Die unbeschränkte Geltung wird jedoch von der herrschenden Meinung anerkannt. Windscheid Vorauss. 180. Savigny System IV 225. 283. Vangerow III § 599. Arndts § 235. Mommsen I 396 Anm. 19. Dagegen besonders Gaus über röm. Obligationsrecht und Erxleben §§ 7. 13. 16. Siehe hierüber Mommsen l. c. Auch Wächter Arch. 219 leugnet das Reurecht für die Contracte do ut des.

Institut der Innominatverträge eine durchgreifende Änderung erfahren. Das Bindende war fortan für alle zweiseitigen Verträge ohne Ausnahme und ohne Rücksicht auf ihren empirischen Charakter nicht mehr die Leistung, sondern die Erklärung des Verpflichtungswillens.

Würde man nun rein äufserlich verfahren und von dem Satze ausgehen, dafs nunmehr alle diejenigen Folgen, welche sich früher an die Leistung anschlossen, an den Vertragsabschlufs selbst geknüpft sind, so käme man zu dem Satze, dafs für alle unbenannten Verträge die Unmöglichkeit der Leistung den Gegencontrahenten trotzdem zur Erfüllung seinerseits verpflichtet bleiben läfst.[1]) Die Consequenzen, welche ein solches, ausnahmslos durchgeführtes Princip mit sich bringen würde, wären bei uns jedoch noch härter als in Rom; denn Praxis und Theorie sind darüber einig, dafs das Reurecht Geltung nicht mehr beanspruchen kann.[2]) Gerade dieses aber hat, wie wir sahen, dazu gedient, in der Gefahrfrage die gröfsten Unbilligkeiten zu vermeiden.

So einheitlich nun freilich das Reurecht und die Grundsätze über die Gefahr zusammen functionierten, so ist doch zuzugeben, dafs ihr theoretischer Zusammenhang kein so enger wäre, um den Schlufs zu rechtfertigen, dafs mit dem Wegfall dieses auch jene notwendig zu modificieren sind. Andererseits jedoch beweifst auch der Mangel dieses Zusammenhanges nichts gegen eine solche Modification. Man mufs davon ausgehen, dafs das ganze Institut mit denjenigen specifischen Eigentümlichkeiten, durch welche es sich von den anderen Verträgen unterscheidet, weggefallen ist, und dafs diejenigen Rechtsverhältnisse, welche an ihre Stelle getreten sind, rein nach den allgemeinen Grundsätzen über Verträge zu beurteilen sind. Wendet man dies auf die Unmöglichkeit an, so ergiebt sich von selbst, dafs die Regeln des Kaufs oder die der Miete analoge Anwendung finden müssen, je nachdem das Rechtsverhältnis seinem Inhalt nach auf Sachleistung oder auf Gebrauchsüberlassung resp. Arbeit gerichtet ist.[3]) Ist die Sachleistung unmöglich geworden, dann wird die Gegenleistung unter allen Umständen voll zu prästieren sein. Trifft der Zufall hingegen die Gebrauchsüberlassung oder die Gewährung der Dienste, so ist die Gegenleistung ihrem Werte nach gemäfs dem Verhältnis des thatsächlich von der anderen Seite Geleisteten zu reducieren.[4]) Der Unterschied gegen die benannten Verträge besteht nur darin, dafs hier beide Leistungen vom Zufall betroffen werden können.

---

[1]) So Fuchs 397.
[2]) Vangerow III 243. Windscheid II § 321, 3.
[3]) So Mommsen I 402, Windscheid Krit. II 142, Vangerow III 212, Puntschart 496.
[4]) Mommsen I 408. Vgl. Brinz VI § 335. Puntschart 479 ff. Holzschuher III 38.

d) Die Societät.

§ 24. Die Societät ist das auf Erreichung gemeinsamer vermögensrechtlicher Zwecke durch gemeinsame Mittel gerichtete Rechtsverhältnis. Ein gegenseitiges Rechtsverhältnis ist dies insofern, als auch hier den Beiträgen der einzelnen einerseits die für diese aus der Gesellschaft erhofften Gewinnquoten andererseits als Aequivalent gegenüberstehen; insofern aber nicht, als die Leistungen der einzelnen Gesellschafter nicht Aequivalente für einander, sondern Beiträge zu einem gemeinsamen Erfolge sind.[1])

Die Gefahrfrage geht hier dahin, inwieweit der einzelne Gesellschafter noch Anspruch auf den Gewinn aus der Gesellschaft hat, nachdem ihm die Leistung seines Beitrages durch Zufall unmöglich geworden ist.

Wenn sich auch hier die bisher festgestellten Grundsätze bestätigen sollen, so wird diese Frage verschieden zu beantworten sein, je nach der verschiedenen wirtschaftlichen Natur der von den Gesellschaftern zu leistenden Beiträge. Denn diese Beiträge können entweder bestehen in Sachleistungen, d. h. Übertragung des Sacheigentums oder von Rechten zum Miteigentum der Gesellschafter oder in dauernder Gebrauchsüberlassung resp. Gewährung von Diensten und Arbeiten seitens des einzelnen Gesellschafters.

Für die Behandlung dieser Frage sind aber von vorneherein mehrere ans dem Wesen des Gesellschaftsvertrages hervorgehende Sätze von Erheblichkeit.

Erstens mufs grundsätzlich jeder zufällige Schaden, zu welchem die Gesellschaft die Veranlassung gegeben hat, von den Gesellschaftern gemeinschaftlich getragen werden.

l 52 § 4 D ht. 17, 2 Ulpianus:

... nam sicuti lucrum, ita damnum quoque commune esse oportet, quod non culpa socii contingit.

ll 60. 61 ht.

Ferner folgt aus der Natur der Sache, dafs ebenso gemeinsam jeder Schaden getragen werden mufs, welcher die schon im Miteigentum der Gesellschafter stehenden Sachen trifft. Es bleiben somit nur diejenigen Fälle übrig, in welchen der Gesellschafter entweder die Sache verliert, die er sich verpflichtet hatte, zum Miteigentum zu conferieren, oder in denen er, durch Zufall gehindert, den Gebrauch seiner Sache oder seiner Dienste der Gesellschaft zu gewähren.

---

[1]) Mommsen 1 408. Vgl. Brinz II § 335. Puntschart 479 ff. Holzschuher III 38.

l 58 pr. ht. Ulpianus:

Si id quod quis in societatem contulit, exstinctum sit, videndum an pro socio agere possit. Tractatum ita est apud Celsum . . .: cum tres equos haberes et ego unum, societatem coimus, ut accepto equo meo quadrigam venderes et ex pretio quartam mihi redderes. Si igitur ante venditionem equus meus mortuus sit, non putare se Celsus ait societatem manere nec ex pretio equorum tuorum partem deberi: non enim habendae quadrigae, sed vendendae coitam societatem. Ceterum si id actum dicatur, ut quadriga fieret eaque communicaretur tuque in ea tres partes haberes ego quartam, non dubie adhuc socii sumus.

Die Stelle behandelt den Fall, wo zwei Leute, von denen einer drei, der andere ein Pferd besitzt, die vier Pferde zusammenthun, um dieselben als Viergespann zu verkaufen, d. h. also für einen höheren Preis. Geht das Pferd des einen unter, so entscheidet sie, dafs die Gesellschaft sich auflöse, und der Gesellschafter, dessen Pferd von dem Untergang betroffen ist, an dem Verkaufserlös aus den drei anderen nicht participiere. Sei hingegen die Gesellschaft nicht vendendae sondern habendae quadrigae causa eingegangen, dann bleibe sie bestehen, und sei der Gesellschafter nach wie vor zu einem Viertel des Wertes beteiligt.

Der Inhalt der Stelle, so interpretiert, dient nicht dazu, über die hier zu beantwortenden Fragen irgend welche Aufklärung zu gewähren. Sie behandelt den Fall einer Sachleistung, aber nach den einleitenden Worten des Ulpian geht sie davon aus, diese Leistung sei schon geschehen; dann ist normalerweise Miteigentum und damit Gemeinsamkeit des Schadens begründet und daher die zweite Entscheidung.

Die erste Entscheidung hingegen ist aus der besonderen Natur des Falles zu erklären: Ist nämlich die Societät vendendae quadrigae causa eingegangen, dann liegt es gar nicht in der Absicht der Parteien, durch die Collation Miteigentum zu begründen. Die Tradition ist hier vielmehr nur ein rein thatsächlicher, die Erfüllung vorbereitender Act. Geht das eine Pferd unter, so wird dadurch der Zweck der Gesellschaft vereitelt, diese ist aufgelöst und eine actio pro socio auf den Gewinn schon deshalb nicht begründet, weil von Gewinn überhaupt nicht die Rede ist. Einen Anspruch auf Schadensersatz aber kann der geschädigte Gesellschafter deshalb nicht geltend machen, weil kein Miteigentum und daher auch keine Gemeinsamkeit des Schadens vorhanden ist.

l 58 § 1 eodem.

Item Celsus tractat, si pecuniam contulissemus ad mercem emendam, et mea pecunia perisset, cui perierit ea. Et ait si post collationem evenit, ut pecunia periret, quod non fieret nisi societas coita esset, utrique perire, utputa si pecunia, cum peregre portaretur ad mercem emendam periit: si vero ante collationem, posteaquam eam destinasses, tunc perierit, nihil eo nomine consequeris, inquit, quia non societati periit.

Es legen zwei eine Summe Geldes zusammen, um Waren dafür einzukaufen und zwar so, dafs trotz der Collation, wie aus dem Ausdruck mea pecunia zu schliefsen ist, ihre Beiträge nicht gemeinschaftliches Eigentum werden.[1]) Der Beitrag des einen geht unter, und zwar hat die Societät Veranlassung zu dem Untergang gegeben: alsdann soll der Schade gemeinsam sein. Ist hingegen die Geldsumme vor der Collation, aber nachdem sie der Socius zum Conferieren bestimmt hat, untergegangen, dann entscheidet die Stelle, dafs dieser Socius nichts mehr zu fordern habe; dies ist schon deshalb unzweifelhaft, weil in einem solchen Fall gar keine wahre Unmöglichkeit vorliegt. (Mommsen 413.)

ll 60 § 1, 61 § 4 D eod. sprechen nur den Grundsatz aus, dafs jeder Socius Anspruch auf Ersatz des Schadens hat, der ihn bei Besorgung der Gesellschaftsgeschäfte betrifft.[2]) 1 52 § 3 ht. handelt von der Haftung des Socius für culpa.

Die Quellen schweigen hiernach also gänzlich von den Fällen, nach deren Entscheidnng wir gesucht haben. Mietsähnliche Beiträge erwähnen sie überhaupt nicht, und von Sachleistungen sprechen sie nur nach der Tradition. Es rechtfertigt sich daraus der Schlufs, dafs die Gefahrfrage bei der Societät rein nach allgemeinen Grundsätzen zu entscheiden ist: diese Grundsätze aber gehen dahin, dafs bei Sachleistungen die Unmöglichkeit der Leistung der Erfüllung gleichsteht, bei Mietscontracten hingegen die Gegenleistung nur nach Verhältnis des wirklich Geleisteten zu gewähren ist.

Wenn diese Grundsätze in dem Vorhergehenden sich als durchführbar erwiesen haben, so müssen sie auch hier in derselben Weise Geltung haben, sofern nicht die eigentümliche Natur des Gesellschaftsvertrages irgendwelche Modificationen zur Folge hat.

Letzteres aber ist zu verneinen. Der Charakter der Beitragsleistungen, sofern dieselben an sich betrachtet den Leistungen des Verkäufers, Vermieters oder Arbeiters gleichen, wird durch ihre Beziehung zu dem Gesellschaftszwecke oder durch die eigentümliche Natur der Gegenleistung durchaus nicht modificiert. Mommsen (I 408) hat dies behauptet, indem er ausführt, dafs auch bei Sachleistungen die Verpflichtung nicht auf eine augenblickliche Leistung, sondern auf dauernde Gewährung des Objects zur Erreichung des Societätszweckes gerichtet ist. Diese Unterscheidung entbehrt aber praktisch einer jeden

[1]) Wächter Arch. 208. Mommsen I 413.

[2]) So Mommsen I 410. Puntschart hingegen (492) bezieht die Stellen darauf, dafs der geschädigte Gesellschafter seine Leistungsbereitschaft bewiesen hat.

Bedeutung. Denn hat der Socius, welcher eine Sache als Beitrag versprach, diese nicht geleistet, dann haftet er wie der Verkäufer zunächst auf die Tradition, und hat er sie geleistet, dann haftet er ebenso wie der Verkäufer auf Gewährung unter analoger Anwendung der Evictionsgrundsätze.

Wir schliefsen also daraus, dafs überall, wo die Verpflichtung des Socius auf das Conferieren einer Sache zu gemeinschaftlichem Eigentum gerichtet ist, trotz Unmöglichkeit der Leistung diesem der Anspruch auf verhältnismäfsige Teilnahme am Societätsgewinn verbleibt; besteht er hingegen in Arbeit oder in Überlassung einer Sache zum gemeinsamen Gebrauch, dann gebührt dem Socius dieser Anteil nur nach Mafsgabe der Zeit, während welcher auch er geleistet hat.[1])

Der erste Satz, welcher wohl zumeist Zweifeln ausgesetzt ist, würde eine Bestätigung in dem pr der l 58 cit. finden, insofern man sich über eine kleine Ungenauigkeit hinwegsetzt. Die einleitenden Worte des Ulpian sprechen zwar davon, dafs die Beiträge schon erfolgt sind. Betrachten wir aber allein das, was Celsus sagt, so kann dies auch folgenden Sinn haben: dafs die Tradition geschehen sei, erwähnt Celsus nicht. Die Entscheidung des ersten Falles würde auch ohne Tradition dieselbe sein müssen, wie vorher, da der Societätszweck vereitelt ist. Die des zweiten aber wäre allein dadurch motiviert, dafs Miteigentum beabsichtigt war, und daher trotz Unmöglichkeit vor der Leistung die Societät fortbesteht.

Eine dritte Klasse von Beitragsleistungen besteht in der Collation von Sachen nicht zum Gebrauch und nicht zu Miteigentum, sondern allein zu dem Zwecke der thatsächlichen Vereinigung von Mitteln. Dahin gehört das pr der l 58 cit. bezüglich des ersten darin erwähnten Falles und der ganze § 1 derselben Stelle, sowie l 52 § 3 eodem.[2]) Da hier selbst nach der Collation die Gemeinschaftlichkeit des Schadens nur dadurch motiviert wird, dafs dieser Schaden infolge der Societät eingetreten ist, so mufs mit Sicherheit angenommen werden, dafs Untergang des Beitrages vor der Realisierung des Zweckes den Gesellschafter seines Anspruches auf die Gewinnquote verlustig gehen läfst.

---

[1]) Wächter läfst dem Socius immer das Recht auf die Gewinnquote. So auch Fuchs 399, 400. Mommsen I 409 läfst hingegen den Gesellschafter immer seines Anspruches verlustig gehen. Wie hier Dernburg Pand. II § 126 Anm. 10, Holzschuher III 936, Windscheid II § 406,1, Krit. VZS. II 143, 144.

[2]) Denn von Eigentumsübertragung ist hier nicht die Rede. Das Stück Vieh ist dem anderen demnächst zur Weide und vielleicht eventuell zum Verkauf übergeben. Die Stelle handelt principaliter von der Haftung desjenigen Socius, der Sachen des anderen in Händen hat, für diese Sachen.

B. Das Princip.

a) Kritik der Theorieen.

§ 25. Die Versuche, die im Vorhergehenden für die einzelnen Obligationen dargestellten Grundsätze unter allgemeinen Gesichtspunkten zusammenzufassen, sind zu allen Zeiten sehr zahlreich gewesen; und von keinem derselben könnte man eigentlich sagen, dafs er auch nur irgendwie die Herrschaft über die anderen davongetragen hätte. Der Grund liegt teilweise darin, dafs, wie das Vorhergehende zeigte, auch jene speciellen Grundlagen fast in keinem Punkte völlig unbestritten sind; zum gröfseren Teil aber ist daran Schuld das Bestreben, einheitliche Gesichtspunkte durchzuführen, wo die Rechtsverhältnisse selbst, wie hier Kauf und Miete, durch eine unübersteigbare Kluft von einander getrennt sind.[1])

Die ältere Theorie half sich auch hier mit dem Grundsatze: casum sentit dominus. Bekanntlich gipfelt das Verdienst von Wächters oft citierter Abhandlung darin, dies Princip widerlegt zu haben und zwar mit so gewichtigen Argumenten, dafs dasselbe nunmehr wohl als endgiltig beseitigt gelten kann. Durchgreifend ist es weder bei einseitigen Obligationen[2]) noch bei zweiseitigen Vertragsverhältnissen, da bei diesen das wichtigste, nämlich der Kauf, und mit ihm die übrigen Entäufserungsverträge gerade die entgegengesetzte Norm enthalten.

Von den Versuchen, diese Ausnahmestellung des Kaufs vom Standpunkt jener Theorie aus zu beseitigen, seien hier gleichsam als litterarhistorische Curiositäten nur folgende erwähnt: einmal die Ansicht von Regneri ab Oosterga[3]): der Käufer werde nach dem ius gentium sofort Eigentümer der Kaufsache; ferner die von Cuiacius[4]) im Hinblick auf ll 33 D 19, 2 ll 12—14 D 18, 6 aufgestellte, von ihm aber später zurückgenommene Behauptung, dafs auch beim Kauf der Verkäufer, also der dominus, die Gefahr trage.

Jener Grundsatz wird jetzt nur noch verteidigt von Mühlenbruch Pand. II § 365, Schilling Institutionen III § 234, Unterholzner Schuldverhältn. I § 138.

Eine neue Formulierung giebt dem Satze Brinz (Pand. II (2) 318 ff.), indem er lehrt: denkt man unter dominus nicht nur den dinglich Berechtigten, sondern jeden, der nach Mafsgabe der Obligation die in obligatione befindliche Sache einerseits gut hat, andererseits aber nun auch haben mufs, dann trifft der Satz allenthalben zu.

---

[1]) Wir verweisen für das Folgende auf die ausführlichen Zusammenstellungen bei Hofmann, Puntschart und Regelsberger (Krit. ZS XIII).

[2]) Wächter 127, 128. Hofmann 7. Mommsen I 248 f.

[3]) Cens. belg. ad Dig. lib. 18 tit. 16, 1.

[4]) Tract. ad Afric. lib. VIII ad l 33 D locati.

Für den Kauf nähert er sich damit der Entäusserungstheorie; auf die Werkverdingung ist seine Theorie nur dann anwendbar, wenn man, wie er, bis zur Vollendung des Werkes den Arbeiter jede Gefahr tragen läfst. Und die Vereinigung mit dem für die Sach- und Dienstmiete Geltenden wird nur dadurch bewirkt, dafs Brinz für diese Contracte überhaupt jede Gefahr im technischen Sinne leugnet.

Wächter glaubt ein ausreichendes Princip in den beiden Sätzen: impossibilium nulla obligatio est (l 185 D 50, 17) und casus a nullo praestantur, welcher aus l 23 eodem abgeleitet wird, zu finden. Dadurch werde der Verkäufer frei, während der Käufer, dessen Leistung immer noch möglich sei, seinerseits auch zur Erfüllung verhaftet bleibe. Dieser Argumentation wird mit Recht entgegen gehalten, dafs das letztere keine notwendige Consequenz der Befreiung des Verkäufers sei.[1]) Um diesem Vorwurf zu entgehen, mufs die Theorie grundsätzliche Unabhängigkeit der aus zweiseitigen Schuldverhältnissen entstehenden Obligationen behaupten.[2]) Diese Ansicht, welche mit der Behandlung der synallagmatischen Verträge im entwickelten römischen Rechte unvereinbar zu sein scheint, deren Widerlegung aber hier zu weit führen würde, mufs die entgegengesetzte Behandlung der Mietverträge als Ausnahme betrachten.[3])

In verschiedener Weise wird ferner das periculum beim Kauf darauf zurückgeführt, dafs bei Unmöglichkeit der Erfüllung diese als geschehen fingirt wird. Insofern die Fictionstheorie den Nachweis zu führen unternommen hat, dafs diese Behandlung nur der Ausdruck des allgemeinen Grundsatzes sei, wonach die Verpflichtung zur Vornahme einer Handlung als erfüllt gilt, wenn dieselbe ohne Schuld des Verpflichteten unmöglich geworden ist,[4]) so mufs gesagt werden, dafs sie diese Behauptung nicht erwiesen habe;[5]) wäre sie aber wahr, so würde eine solche Fiction die Frage nach ihrer Begründung nicht ersparen[6]) und ist deshalb „damit nichts gewonnen und erklärt."[7])

Die Anwendung dieses Grundsatzes bei den Bedingungen mufs selbst in der Ausdehnung, wie sie Fuchs behauptet, eher als Ausnahme, denn als Regel betrachtet werden. l 72 pr D 46, 3 und l 39 D 50, 17 handeln von der mora emptoris, also einer weiteren Voraussetzung über

---

[1]) Mommsen I 347. Vangerow § 591 Anm. II. Puntschart 7. Madai 278. Fuchs 107. Vgl. schon Glück IV 376.

[2]) So Wächter Arch. passim. Reatz 351. Dernburg Comp. 47 ff. Bruns 485. Dernburg Pand. II § 20.

[3]) Vgl. Hofmann 9. Mommsen I 347, 348. Bechmann II 100 Windscheid § 321 Nr. 2 u. 16. Regelsberger Krit. 92. Brinz II (2) 318 Anm. 12. Puntschart 8.

[4]) Fuchs 112. Koch I 203. Wächter Arch. 201.

[5]) Windscheid § 321 Anm. 19.

[6]) Windscheid l. c.

[7]) Hartmann die Oblig. 251 Anm.

den reinen Zufall hinaus,[1]) und sind nur Formulierungen des Grundsatzes, dafs Annahmeverzug des Gläubigers dem Schuldner keinen Schaden bringen soll und daher seine Bereitschaft zur Leistung der Leistung selbst gleichsteht.

l 107 D 46,3 erwähnt bei einer Aufzählung der Aufhebungsgründe der Obligationen den casus neben der solutio.[2])

Mit mehr Schein bezieht sich die Theorie auf die folgenden zwei Stellen:

l 5 § 2 D 18,5 Julianus:

Mortuo autem homine perinde habenda est venditio ac si traditus fuisset, utpote cum venditor liberetur et emptori homo pereat: quare nisi iusta conventio intervenerit, actiones ex empto et vendito manebunt.

l 15 D 23,3 Pomponius:

Quod si per eam non stetisset, perinde pretium aufert ac si tradidisset, quia quod evenit, emptoris periculo est.

Dafs hier das Gefahrprincip als Fiction der Erfüllung formuliert wird, kann füglich nicht bezweifelt werden. Aber dies soll eben auch nur die Formulierung eines positiven Satzes sein und nicht der Ausdruck des Grundes desselben. Die Stellen sagen nicht: der Käufer trage die Gefahr, weil Unmöglichkeit der Leistung der Erfüllung gleichsteht, sondern vielmehr: es gilt, als habe der Verkäufer tradiert, eben weil der Käufer die Gefahr trägt.[3])

Nur in diesem letzteren Sinne wird die Fictionstheorie wohl auch von Mommsen acceptiert, der sie übrigens auf den Kauf beschränkt. Er meint zwar, es bleibe nichts anderes übrig, als die Regel der Gefahr beim Kauf aus einer Fiction der Erfüllung herzuleiten, antwortet aber auf die Frage, warum diese Fiction auf den perfecten Kauf beschränkt blieb: Beim perfecten Kaufe liege weder in der Natur der Leistung des Veräufserers noch des Geschäftes ein Grund, weshalb die Obligation nicht sogleich erfüllt werden könnte; deshalb habe man den Aufschub der Erfüllung als etwas Zufälliges betrachtet und sei so zur Fiction gelangt.

Mommsen würde aber wohl selbst nicht angenommen haben, dafs man von jener Erwägung zu dem Satze periculum est emtoris erst über den Umweg einer Fictionstheorie gelangt sei; vielmehr ist jene Norm, einmal entstanden, in das Gewand der Fiction gekleidet worden.

Die eben besprochenen Theorieen glauben den Ausdruck des Principes in der für den Kauf geltenden Regel sehen zu müssen; die

---

[1]) Mommsen I 329. Hofmann 11.
[2]) Mommsen l. c.
[3]) So Thöl § 268 (875). Vgl. Bechmann II 102. Gegen die Fictionstheorie Hofmann 11, 12, Windscheid Krit. II 136, Goose 204, Puntschart 9, Regelsberger Krit. XIII 93, Mommsen I 326 f., 352, III 422.

entgegengesetzte Behandlung der Miete suchen sie auf verschiedene Weise zu erklären.

Die einen behaupten, dafs hier im Gegensatz zum Kauf die Pflicht des Vermieters, das uti frui zu prästieren, den ganzen Gehalt seiner Verpflichtung ausfülle, dort aber nur eine nebensächliche Garantie durch das habere licere praestare begründet sei.[1]) Diese Unterscheidung zwischen der Intensivität der Verpflichtungen des Verkäufers und Vermieters wird weiter unten zu widerlegen versucht werden. Darin aber, dafs der Vermieter zur Vorleistung verpflichtet ist,[2]) kann der Grund so tiefgreifender Unterschiede nicht gefunden werden, denn die Behandlung der Gefahr bleibt dieselbe, auch wenn wie in l 19 § 6 D 19, 2 Pränumeration des Mietspreises verabredet ist.

In dem Mommsenschen Gedanken liegt die Überleitung zu jenen Theorieen, welche die verschiedene Behandlung der Unmöglichkeit nicht als Regel und Ausnahme auffassen, sondern dieselbe vielmehr aus den grundsätzlichen und wesentlichen Verschiedenheiten zwischen den einzelnen Obligationen herzuleiten suchen. Gemeinsam ist diesen der Gedanke, dafs beim Kauf momentane Erfüllung möglich, der Miete aber dauernde Gewährung wesentlich ist;[3]) sie schliefsen daraus, dafs bei jenem der zufällige Aufschub der Erfüllung an dem Übergange der Gefahr nichts ändern könne. „Was im Fall alsbaldiger Leistung unzweifelhaft rechtens wäre, das soll auch rechtens bleiben, wenn ein rechtmäfsiger Aufschub der Leistung vorkommt.“[4]) Mommsen formuliert diesen Gedanken in dem Grundsatz: dafs casuelle Unmöglichkeit der Erfüllung gleichstehe da, wo der Aufschub, welcher es veranlafst hat, dafs das casuelle Ereignis den Gegenstand der Obligation bei dem Schuldner und nicht bei dem Gläubiger betroffen hat, weder in der mangelnden Perfection des Geschäftes, noch in der Natur der Leistung seinen Grund hat.

Andere gingen weiter und meinten, dafs der Käufer den Schaden dieses zufälligen Aufschubes deshalb zu tragen habe, weil es an ihm lag, die sofortige Erfüllung zu veranlassen. So sagt Bechmann (I 594), dafs der Käufer, welcher es vorzieht, sich auf die Defensive zu beschränken, dadurch eben wegen der völligen Gleichstellung beider Forderungen zu keiner besseren Lage dem Verkäufer gegenüber gelangen könne, als wenn er seinen Anspruch activ geltend gemacht

---

[1]) Fuchs 400 Wächter 203, 204. Dagegen Mommsen I 349 Anm. 17, Hofmann 18, Regelsberger Krit. XIII, 93.

[2]) So Förster I 853 Anm. 46, von der Pfordten Abh. 323, Sintenis II §§ 97, 106. Dagegen Mommsen I 351, Hofmann 19.

[3]) So schon Göschen II 255, Koch I 198.

[4]) Vangerow III 211. Vgl. Holzschuher III 285. Puchta Pand. (9. Aufl.) § 302. Reatz 386.

hätte. Ihm gebühre die Initiative des Vollzuges, und das Unterlassen dieser könne daher nur ihm Schaden bringen (II 102).

Von diesem Gedanken ausgehend, ist schon früher Ihering (III 461 bis 466) dazu gekommen, den Aufschub der Erfüllung als fingierte culpa des Käufers aufzufassen; von diesem Gesichtspunkte aus construiert er den Anspruch des Verkäufers auf den Preis als Schadensersatzforderung und zieht daraus selbständige Consequenzen.

Die Art und Weise, wie Punschart denselben Gedanken zu einem eigenen Princip ausgebildet hat, welches er an die Stelle des periculum est emtoris setzt und für alle Contracte durchführt, ist oben besprochen und widerlegt worden.

In allen diesen Versuchen ist anzuerkennen: einmal das Bestreben, die Jagd nach dem Allgemeinen aufzugeben und die Erkenntnis der wirtschaftlichen Verschiedenheit der einzelnen Rechtsverhältnisse zur Grundlage zu machen;[1]) und ferner die Hervorhebung des Gedankens, dafs bei Sachleistungen der Aufschub der Erfüllung über die Perfection hinaus ein blos zufälliger ist. Denn dieser Gesichtspunkt hat unzweifelhaft legislativ einen bedeutenden Einflufs ausgeübt.[2]) Dafs die Römer diesen Gedanken durch die Fiction einer culpa in das System eingeführt haben, ist unwahrscheinlich. Einer solchen Fiction bedurfte es nicht, und wenn sie aufgestellt wäre, so würde sie doch irgendwie in den Quellen Erwähnung gefunden haben.[3])

§ 26. Von den Theorieen, welche sich allein auf die Erklärung des für den Kauf geltenden Gefahrprincips beschränken, ist die bedeutendste die sog. Entäufserungstheorie. Der allgemeine Gedanke, der hier in verschiedenen Formulierungen verfochten wird, geht dahin, dafs die Verkaufserklärung mehr ist, als die blofse Übernahme der Verpflichtung, eine Sache zu tradieren, dafs sie vielmehr in gewisser Weise den dinglichen Erwerb selbst in sich schliefst.

Die einen sehen hierin blofs den Ausdruck der dem praktischen Leben geläufigen Anschauung, welche „Kaufen" mit „Erwerben" identificiert und daher den Unterschied zwischen dem Erwerb der Sache und dem Erwerb der darauf gerichteten Forderung des Käufers übersieht.

Zu dieser Richtung gehören: Keller JB. IV 364—366, Pand. § 329, Mommsen Erört. I 29—31, Scheurl Beitr. II 64, Brinz Pand. II (2) 319; vgl. Windscheid Krit. II 137.

Weiter gehen diejenigen, welche diesen Gedanken nicht als blofse Vorstellung, sondern als einen juristischen Begriff auffassen und zu construieren suchen.

---

[1]) Vgl. Ude Archiv für civ. Praxis XLVIII 399, 400.
[2]) Hiergegen Regelsberger Krit. 94.
[3]) Dernburg Pand. II § 96 Anm. 3.

Begründet ist diese Richtung von Kuntze in der bei Windscheid § 321 Anm. 13 citierten Dissertation; seine Argumente sind darauf im wesentlichen von Stintzing aufgenommen worden. Nach der Ansicht dieser beiden Gelehrten heifst Perfection beim Kauf Übergang des Kaufgegenstandes in das Vermögen des Käufers, und zwar finde dieser Übergang materiell schon mit der Verkaufserklärung statt. Perfecta est emtio heifse: der Erwerb der Sache durch Kauf sei vollzogen. Stintzing (194 f.) beruft sich hierfür erstens auf die etymologische Bedeutung von emere und ferner auf die Anerkennung eines derartigen Mittelbegriffes in ll 49. 67. 188 D 50, 16; derselbe äufsere seine Wirkungen in der Behandlung der Gefahr, in der Aufstellung eines besonderen titulus pro emtore, in dem Erfordernis der bona fides im Augenblick des Kaufabschlusses, und endlich darin, dafs der Veräufserer die Sache nur quasi pignus retiniere und verpflichtet sei, sie wie ein Fremder zu custodieren. Deshalb sei es auch nur billig, dafs er nicht noch den Schaden dazu zu tragen habe. Die Tradition an sich ändere an der rechtlichen Lage gar nichts, zumal da sie ja nicht einmal notwendig Eigentum übertrage.

Ähnliche Anschauungen hat Goose durchzuführen gesucht, aber mit so vielen Unklarheiten und Widersprüchen im einzelnen, dafs selbst die Anhänger dieser Lehre in ihm keinen Förderer derselben zu erblicken vermögen.

Aus dem Gedanken, dafs die Perfection des Kaufvertrages den Erwerb der Sache bewirkt, folgt notwendig, dafs Perfection und Erfüllung identisch sind. In dieser Weise formulierte Windscheid zuerst seine Ansicht (Krit. 136. 137). Auch er fährt fort: sobald der Kauf perfect ist, habe der Käufer die Sache bereits in seinem Vermögen; l 5 § 2 D 18, 5 sage nicht, die Tradition sei als geschehen anzunehmen, sondern vielmehr: dieselbe sei unnötig. In seinen Pandecten hingegen äufsert er sich wie folgt: die Verkaufserklärung sei eine Entäufserungserklärung deshalb, weil sie zum Inhalt habe, dafs die Sache weggegeben sein solle, nicht das Versprechen, sie weggeben zu wollen. Eine Verpflichtung entstehe für den Verkäufer erst dadurch, dafs der thatsächliche Zustand seiner Erklärung nicht entspricht. (§ 321 Anm. 18.) Die Erklärung dürfe nicht gedacht werden, als in erster Linie auf Erzeugung einer Verbindlichkeit gerichtet; ihr nächster Inhalt sei eben, dafs der Käufer die Sache haben solle. (§ 389 Anm. 3); wenn ihr der wirkliche Zustand sofort entspräche, wie z. B. beim Verkaufe einer Forderung oder einer Servitut, dann sei der Verkäufer zu nichts weiterem verpflichtet.

Auf Grund derselben Erwägungen stempelt Bernhöft den Kauf zu einem dinglichen Vertrage, d. h. zu einem Vertrage, in welchem der Wille erklärt wird, Eigentum oder andere dingliche Rechte zu übertragen (67). Der eigentümliche Charakter des dinglichen Vertrages trete besonders in zwei Richtungen hervor: erstens darin, dafs Besitz und Eigentum, da wo der Erwerber schon den Gewahrsam hat, arg. 1 9 § 5 D 41, 1, § 44 J 2, 1 durch den Vertrag selbst übergehen, zweitens aber darin, dafs in dem wissentlichen Abschlufs eines Kaufs über eine fremde Sache ein furtum liege.[1]) Beides treffe bei der Stipulation nicht zu.

Endlich führt Lenel[2]) aus, dafs die Verkaufserklärung die Zusage eines gegenwärtigen nicht rechtlichen, sondern wirtschaftlichen Erfolges sei.

Knüpfen wir an die Ausführungen Windscheids und Bernhöfts an, so ist so viel zuzugeben, dafs die Verkaufserklärung ihrem Wortlaut und Inhalt nach auf die präsente Hingabe, nicht aber principal auf Erzeugung einer Verbindlichkeit zum Geben gerichtet ist und sich dadurch von der Stipulation unterscheidet, welche allein die Übernahme einer Verpflichtung enthält. Dadurch wird es ermöglicht, dafs die Verkaufserkläruug die Verwirklichung ihres Zweckes in allen den Fällen durch sich selbst erreicht, wo der Vollzug nichts anderes als eine blofse Erklärung erfordert: so beim Kauf einer Forderung, einer Servitut, einer im Gewahrsam des Käufers befindlichen Sache.[3]) Enthält hier das Wort, der Vertrag, die That, d. i. den Vollzug in sich, so ist andererseits in den oben besprochenen Fällen des Realkaufs das Wort in der That enthalten. Damit ist jedoch nichts für diejenigen Fälle bewiesen, in denen That und Wort auseinanderfallen, und wo unbestritten der Vertrag des Vollzuges erst bedarf, um dingliche Wirkungen zu erzeugen: und hier gerade wird die Gefahrfrage allein praktisch und überhaupt möglich. Hat hier der Kaufcontract der Tradition gegenüber irgendwie specifisch dingliche Wirkungen, welche uns berechtigen, den Schwerpunkt des Vollzuges in ihn zu verlegen?

Dies ist entschieden zu verneinen. Dafs die dinglichen Wirkungen im eigentlichen Sinne erst durch die Tradition hervorgebracht werden, haben auch die Entäufserungstheoretiker nicht bestreiten können. Und dafs das principale Recht des Käufers auf die Tradition der Sache gerichtet ist, betonen die Quellen mit genügender Klarheit.[4]) Der Contract selbst gewährt weder das ganze dingliche Recht noch einen Anfang davon; das Gegenteil wäre mit den Grundsätzen des römischen Rechtes über den Eigentumserwerb und mit der ganzen dem System

---

[1]) Letzteres ist nicht der Fall, vielmehr begründet erst die Tradition das furtum. 1 11 § 15. 18 D 19, 1 beweisen für B. nichts. Dagegen § 3 J. 2, 6 vel ex alia causa tradidit.

[2]) JB. für Dogm. XIX 211. 214. 216. Vgl. Exner, Tradition 5. 6, Endemann § 110.

[3]) Diese Fälle sind bestritten von Bechmann I 613, II 53. Die Bestimmungen des französischen Rechts (CC. art. 1138, 1583) beweisen, dafs dingliche Wirkungen auch an rein obligatorische Acte geknüpft werden können.

[4]) Hofmann 15, Puntschart 17, Köppen JB. f. Dogm. XI 391 Anm. 497.

wesentlichen scharfen Unterscheidung zwischen dinglichen und persönlichen Rechten kaum vereinbar. Gerade diese mufste notwendig die Römer verhindern, der Laienanschauung, welche den Vermögensübergang an den Kaufabschlufs knüpft, nachzugeben.

Thatsächlich ist es auch den Anhängern dieser Richtung nicht gelungen, den von ihnen behaupteten Mittelbegriff in den Quellen nachzuweisen, oder näher zu präcisieren. Stintzing beruft sich auf folgende Stellen:

l 67 D 50, 16 Ulpianus:

‚Alienatum‘ non proprie dicitur, quod adhuc in dominio venditoris manet: ‚venditum‘ tamen recte dicitur.

Dieser Satz ist eher ein Beweis gegen als für die Entäufserungstheorie, denn er sagt: was nicht tradiert ist, kann man nicht entäufsert, sondern nur verkauft nennen. (Puntschart 17).

l 188 eod. Paulus:

‚Habere‘ duobus modis dicitur, altero iure dominii, altero optinere sine interpellatione id quod quis emerit.

Die Stelle spricht zwar von zwei verschiedenen Arten des Habens, setzt aber beim Haben ohne Eigentum Besitz voraus und ist deshalb für ein Verhältnis vor der Tradition ohne jede Beweiskraft. (Regelsberger Krit. XIII 100).

l 49 D eodem Ulpianus:

... aeque bonis adnumerabitur etiam, si quid est in actionibus petitionibus persecutionibus: nam haec omnia in bonis esse videntur.

Die Forderungen, die zu unserem Vermögen gerechnet werden, umfassen ebenso, was uns aus Stipulationen als was uns aus Verkäufen geschuldet wird.

Die Vergleichung mit dem Rechtsverhältnis der dos ist ebenfalls ein Beweis gegen die Hypothese.[1]) Denn wenn die Römer dort ein derartiges Verhältnis erwähnen, warum übergehen sie es hier vollkommen mit Stillschweigen.[2])

Die etymologische Bedeutung von emere und vendere führt zwar auf die ursprüngliche Realnatur des Kaufes zurück; einen Schlufs auf die Zeiten des Consensualvertrages aber gestattet sie nicht.[3])

Auch das Bestreben, den in den Quellen gesuchten aber nicht gefundenen Mittelbegriff näher zu präcisieren, mufste notwendig scheitern. Denn an und für sich ist ein Übergang in das Vermögen, der weder Eigentumsübergang, noch Übergang in dem Sinne ist, in welchem man

---

[1]) Darauf beruft sich Stintzing unter Hinweis auf l 75 D 23,3 l 71 D 21,2.

[2]) Regelsberger Krit. 101. Puntschart 23.

[3]) Regelsberger eod. 100. S. besonders Bechmann I 20—25.

jedes geschuldete Object zum Vermögen des Gläubigers rechnet, keine greifbare juristische Vorstellung.[1])

Stintzing beschränkt sich darauf, zu sagen, die Sache gehöre soweit zum Vermögen des Käufers, als sie von den Juristen so angesehen und behandelt wird; er bezieht dies unzweifelhaft auf die drei wichtigen Phänomene: das periculum, den titulus pro emtore und die bona fides im Augenblick des Vertragsabschlusses als Erfordernis der Ersitzung. — Für diese drei Erscheinungen giebt allerdings die Entäufserungstheorie eine ziemlich zutreffende Formulierung. Begründet aber sind sie historisch durch die ursprüngliche Realnatur des Kaufes, während sie im Consensualsystem eine zwar charakterische, aber doch rein exceptionelle Stellung einnehmen.

Ein einzelnes positives Argument gegen jene Hypothese, dessen Gewicht nicht zu unterschätzen ist, liegt in dem Satz, dafs der Käufer, der eigenmächtig die Kaufsache in Besitz nimmt, als Dieb bestraft wird.[2])

Neben diesen mehr theoretischen Erklärungen seien noch die Versuche derer erwähnt, welche sich bemüht haben, das römische Princip aus Billigkeitsgründen zu rechtfertigen. Wenn Hofmann einer solchen Apologie jede Berechtigung abspricht und nachdrücklich auf der durchaus singulären Natur des Satzes bestehen will (§ 10), so ist dies nicht wohl vereinbar mit der Hartnäckigkeit, mit welcher die Römer an dieser Lehre festgehalten und an ihrer Ausbildung gearbeitet haben. Dies beweifst zur Genüge, dafs sie ihrem allgemeinen Rechtsgefühl zum mindesten nicht widersprach. Andererseits aber ist es auch übertrieben, für den römischen Satz die absolute Billigkeit in Anspruch zu nehmen und das Gegenteil „eher roh als einfach zu nennen".[3]) Das deutsche Recht hat die entgegengesetzte Behandlung als die unserem Rechtsbewufstsein mehr entsprechende anerkannt.[4]) In der That sind auch die dafür erbrachten Billigkeitsgründe nicht durchgreifend und durch entsprechende Gegengründe leicht zu entkräften. Wenn man das periculum darauf gründet, dafs der Käufer ja auch das commodum zu beanspruchen habe,[5]) so entgegnet Hofmann (33) mit Recht, dies beweise nur, dafs periculum und commodum stets derselben Partei zukommen müssen, nicht aber welcher. Ebenso folgt nichts aus der Prästation der custodia;[6]) diese gründet sich auf die

[1]) Bechmann II 105; auch Pernice II 319 Anm. gegen die dogmatische Brauchbarkeit desselben.

[2]) l 14 § 1 D 47,2 l 5 D 41,2. Dernburg Pd. II § 94 Anm. 6.

[3]) So Ihering III 464.

[4]) S. Grotius de iure b. et p., II 12 § 15,1. Kamptz JB 41,16. Gruchot IX 360—362. Reatz 363 ff.

[5]) Die bei Mommsen I 346 citierten und A.

[6]) Stintzing 199 und Viele.

Pflicht des Verkäufers, die Sache zu tradieren, und überdies könnte mit der custodia auch das periculum anders normiert sein. Die Dispositionsbeschränkung des Verkäufers[1]) ist die natürliche Folge einer jeden Verbindlichkeit; ihr entspricht von seiten des Käufers der Zwang, die Sache anzunehmen, und würde für diesen wiederum die Erwägung sprechen, dafs er, der die Sache noch nicht hatte, aufser stande war, sie durch Vorsichtsmafsregeln irgend welcher Art zu schützen.[2]) Fuchs meint ferner, die Billigkeit sei für den Schuldner deshalb, weil dieser gern seine Verbindlichkeit erfüllt hätte, wenn ihn nicht ein Ereignis daran gehindert hätte, das er bei den beschränkten Grenzen seiner Einsicht weder voraussehen noch abwenden konnte. Dies beweist nur, dafs er nicht ersatzpflichtig gemacht werden darf und entkräftet nicht den ebenso billigen Satz, dafs der Schuldner, der nichts leistet, auch nichts bekommt.[3])

Endlich sind eine Reihe historischer Hypothesen zur Erklärung des periculum beim Kauf aufgestellt worden.

Hofmann vermeint den Satz, ebenso wie den von der Hinausrückung des Eigentumsüberganges bis zur Preiszahlung aus dem griechischen Recht herleiten zu können. Selbst wenn man aber zugeben wollte, dafs ihm dieser Beweis gelungen ist, so wäre damit eine wirkliche Erklärung nicht gewonnen. Denn „woher hat's denn der Grieche bekommen? der hat's wohl genommen?“[4]) Zudem spricht dagegen die Erwägung, dafs ein Satz, der ein ganzes Jahrtausend lang von den Römern mit solcher Zähigkeit festgehalten worden ist, nicht wohl als ein fremdländischer dem römischen Recht aufgepropfter Bestandteil, sondern als ein in der nationalen Rechtsentwickelung und der natürlichen Rechtsanschauung des Volkes wurzelnder betrachtet werden mufs.

Pernice (I 456 ff.) sieht in dem periculum eins jener Momente, durch welche, wie er ausführt, die ursprüngliche Realnatur des Kaufes bewiesen wird.

Die Ansicht, dafs der Kaufvertrag ein Realvertrag im Sinne der Innominatverträge war, steht mit dem Umstande in Widerspruch, dafs die actio praescriptis verbis, also das eigentlich verpflichtende Element dieser letzteren, wahrscheinlich nicht älter ist, als die actio emti.[5]) Dafs aber die dem Kauf eigentümlichen Rechtssätze auf die ursprüngliche Realnatur dieses Geschäfts unzweideutig hinweisen, ist eine Annahme, auf welche man fast mit Notwendigkeit geführt wird.

---

[1]) Hierauf berufen sich Wächter 197, 198. Regelsberger Arch. 203. Fuchs 226. Auch Eck Kauf (3) 440 für den Handelskauf.

[2]) Suarez in Kamptz JB l. c.

[3]) Reatz 369. Über Goose s. Hofmann 36.

[4]) Regelsberger Krit. 104. Vgl. Pernice I 462, Goldschmidt ZS für Hsr. XV 620.

[5]) Bechmann I 17, 337 f.

Es sind ferner mehrere Versuche gemacht worden, das periculum aus der ursprünglichen Einseitigkeit der gegenseitigen Obligationen herzuleiten.

Hierzu würde die Theorie Iherings[1]) führen, daſs das zweiseitige Verhältnis ursprünglich in zwei Stipulationen aufgelöst wurde, welche eventuell als Bedingung die Erfüllung seitens des Gegners enthielten. Die letztere Hypothese jedoch würde beim Vollzug einen unauflöslichen Cirkel zur Folge haben.[2]) Sind hingegen die beiden Stipulationen völlig unabhängig von einander, so ist zwar denkbar, daſs hierdurch der wirthschaftliche Zweck eines Kaufs thatsächlich erreicht wird. Eine derartige Gestaltung enthält aber nicht einmal den Keim eines zweiseitigen Rechtsverhältnisses in sich, für welches die Gemeinsamkeit mindestens des Entstehungsgrundes wesentlich ist, und erlaubt daher auch keinen Schluſs auf die für ein solches geltenden Normen.

Dernburg (Comp. 78, 66 ff.) sieht in dem periculum ein selbständiges Argument für die von ihm behauptete ursprüngliche Unabhängigkeit der zweiseitigen Obligationen. Er führt aus, daſs diese Einseitigkeit früher eine absolute gewesen sei, daſs zu Varros Zeiten, wie mit Sicherheit aus Varro de r. r. II 2, 6 hervorgehe, eine beiderseitig wirkende exceptio non adimpleti contractus noch nicht bestanden habe, daſs diese vielmehr erst zwischen Varro und Gaius zuerst arg. G IV 126 a, 1 78 § 2 D 18, 1 dem Käufer und später auch dem Verkäufer zum Schutz gewährt worden sei.

Bechmann (I 592. 570. 573) erblickt den Grund des Satzes in der alleinigen Hervorhebung des genetischen Synallagmas. Bezüglich der Entwickelung des functionellen Synallagmas findet er in der Varronischen Stelle den sicheren Beweis dafür, daſs zu Varros Zeit jede Partei ihren Anspruch selbständig geltend machen konnte. Zwischen Varro und Gaius sei darauf die exceptio ausgebildet worden, aber, wie er im Gegensatz zu Dernburg annimmt, gleichzeitig für beide Teile.

b. Resultate.

§ 27. Indem wir uns nun im folgenden dazu wenden, selbständig die Resultate aus den vorher gewonnenen Grundlagen zu ziehen, beginnen auch wir mit einer historischen Erklärung des periculum beim Kauf. Denn die Frage nach der historischen Rechtfertigung könnte der Theorie selbst dann nicht erspart bleiben, wenn es ihr gelungen wäre, in der Behandlung der Unmöglichkeit einen allgemeinen Gedanken nachzuweisen: dieser Gedanke müſste denn so allgemeingiltig sein und in so notwendigem Zusammenhange mit dem ganzen Rechtssystem stehen, daſs der Verlauf der Rechtsgeschichte schon an sich

---

[1]) Geist III 197. Eck Kauf (2) 10. Vgl. Gareis 634.
[2]) Bechmann I 17.

eine genügende historische Grundlage für ihn abgäbe. Einen solchen Rechtsgedanken hat aber weder die Fictions- noch die Entäufserungstheorie noch irgend ein anderer der eben besprochenen Versuche nachzuweisen vermocht.

Die historische Untersuchung aber mufs wiederum ihr Hauptaugenmerk auf die Entwickelung der für den Kauf geltenden Normen richten: einmal weil dieser zu allen Zeiten das wichtigste Geschäft des Rechtsverkehrs war und ist, und die Behandlung der Gefahr bei ihm daher unmöglich als Ausnahme gelten kann, sondern vielmehr als Ausdruck der Regel aufgefafst werden mufs; ferner aber, weil gewichtige Gründe dafür sprechen, dafs er auch seinem Alter nach unter sämtlichen Consensualverträgen den ersten Platz einzunehmen befugt ist.

Die zuletzt besprochenen Theorieen Bechmanns und Dernburgs leiten die Regel des Kaufs aus der ursprünglichen Unabhängigkeit der Gegenobligationen ab. Hierauf ist folgendes zu erwidern:

Unzweifelhaft gehört die Entwickelung des functionellen Synallagmas einer späteren Zeit an:

Varro de r. r. II 2, 6.

Cum id factum est, tamen grex dominum non mutavit, nisi si (aes) est admuneratum; nec non emptor potest ex empto vendito illum damnare, si non tradet, quamvis non solverit nummos, ut ille emptorem simili iudicio, si non reddit pretium.

Varro verweigert hier dem Verkäufer einen auf mangelnde Erfüllung des Käufers gerichteten Einwand. Zweifelhaft ist die Bedeutung des Schlufssatzes, jedoch ist wohl mit Bechmann (I 570 Anm. 1) anzunehmen, dafs dieser auch dem Verkäufer die gleiche Stellung einräumt.[1])

Es ist ferner sicher, dafs zu Gaius Zeit die exceptio schon eingeführt war; der Streit, ob dies nur zu Gunsten des Käufes oder beider Teile gleichzeitig der Fall war, kann hier auf sich beruhen bleiben.

Damit wäre nun freilich für die Zeit vor Ausbildung dieser Exceptio die Behandlung des periculum ausreichend erklärt. Denn der Käufer konnte sich auf mangelnde Erfüllung seitens des Verkäufers überhaupt nicht berufen, also auch nicht bei casus, und der Verkäufer war wiederum durch die Unmöglichkeit gegen jeden weiteren Anspruch geschützt.

Aber diese Erklärung ist gleichsam nur eine rein negative. Sie zeigt, wie vor Ausbildung der exceptio mangels dieser notwendig dieselben Folgen eintreten mufsten, welche der Satz periculum est emtoris mit sich bringt: nicht aber wie man dazu kam, durch positive Norm das periculum an den Contractsschlufs zu knüpfen.

Diese Theorie mufs infolge dessen auch den stricten Beweis dafür erbringen, warum das periculum von der Ausbildung des functionellen

---

[1]) So auch Bernhöft 197. Vgl. Dernburg Comp. 67, 68.

Synallagmas unberührt geblieben ist.[1]) Die Thatsache, dafs es so geblieben ist, spricht dafür, dafs die exceptio non adimpleti contractus schon eine feste Norm bezüglich der Gefahr vorfand, welche sich ihr gegenüber hartnäckig behauptete; gerade aber die Entstehung dieser Norm, welche periculum und Contractsabschlufs eng miteinander verknüpfte, wird durch jene Theorie nicht genügend erklärt.

Wir glauben nun, dafs die historische Entwickelung des Kaufs die Veranlassung dazu gab, den Contractsschlufs als den Act, welcher unter einfachen Verhältnissen gleichzeitig der Moment der Perfection des Rechtsverhältnisses ist, mit gewissen Eigenschaften auszustatten, welche sonst nur dem Vollzuge innezuwohnen pflegen. Die Grundlage dieser historischen Entwickelung aber erblicken wir in der mancipatio.

Nach den Bechmannschen Forschungen, auf deren Boden wir uns im folgenden stellen, ohne jedoch auf die Controversen einzugehen, war die Mancipation ursprünglich die solenne und mit civilrechtlichen Folgen ausgestattete Vornahme des Kaufgeschäfts;[2]) sie enthielt alle Momente desselben real in sich, das Nehmen der Sache zu Besitz und Eigentum auf der einen, das Zuwägen des in ungeprägtem Metall bestehenden Preises auf der anderen Seite.

Dieser Zustand entspricht nicht der von Gaius und Ulpian gegebenen Schilderung: hier stellt sich die mancipatio als imaginaria venditio dar, welche allein den Zweck der Eigentumsübertragung in solenner Form erfüllt. Mannigfache Gründe sprechen nun dafür, dafs diese Gestaltung nur das Product der historischen Entwickelung, jene aber die ursprüngliche war. Nicht zu unterschätzen ist hierfür besonders das Gewicht der Erwägung, dafs diese Annahme von allen jedenfalls die natürlichste ist. „Der Gedanke, dafs dasjenige, was uns in späterer Zeit als künstliches Abbild entgegentritt, ehemals ursprüngliche und reale Bedeutung gehabt hat, liegt so aufserordentlich nahe, dafs die Auffassung der Mancipation als des ursprünglichen wirklichen Kaufs von vorneherein den Vortritt vor allen anderen Ansichten beanspruchen kann.“ [3])

Ferner sprechen mit Sicherheit dafür die obligatorischen Folgen, deren Verknüpfung mit dem rein dinglichen Act kaum construierbar ist, während sie sich so aus der stillschweigenden Zusage des Veräufserers zu den Worten des Käufers: hunc ego hominem ex iure Quiritium meum esse aio von selbst erklären.[4])

Eine directe Bezeichnung der mancipatio als eines obligatorischen Actes findet sich ferner bei Varro VII 105 de lingua latina:

---

[1]) Mommsen Beitr. III 422.

[2]) So auch die bei Bechmann I 68 Anm. 1 Citierten, besonders Goldschmidt HB I 839 Anm.

[3]) Bechmann I 68.

[4]) Bechmann I 110 ff., 118, 143.

Nexum Mamilius scribit, omne quod per libram et aes geritur, in quo sint mancipia; Mucius, quae per aes et libram fiant, ut obligentur, praeter quae mancipio dentur.

Mamilius definiert als nexum alles, quod per aes et libram geritur. Mucius fügt hinzu: ut obligentur, nur die obligatorischen auf diese Weise vorgenommenen Acte: er nimmt aber wiederum hiervon aus: quae mancipio dentur, und beweist dadurch, dafs an und für sich die Mancipation zu den obligatorischen Acten gerechnet werden kann.

Eine freilich ziemlich unsichere Andeutung kann man auch in dem Berichte des Ulpian XIX 4. 5: Mancipatio locum habet inter cives Romanos et Latinos coloniarios Latinosque Iunianos eosque peregrinos, quibus commercium datum est. Commercium est emendi vendundique invicem ius.

Aus der Freigabe des obligatorischen Verkehrs für die Peregrinen würde an und für sich noch nicht die Fähigkeit folgen, civilrechtliche dingliche Acte vorzunehmen; dafs hierzu die emendi vendundique facultas genügt, deutet darauf hin, dafs sich ursprünglich der obligatorische Verkehr selbst in der Form der Mancipation vollzog.

Von den einzelnen Elementen des Mancipationsactes verlor nun zuerst das der Preiszahlung den Charakter der Realität. Und zwar gab ursprünglich die Zulassung des Creditkaufes hierzu die Veranlassung; infolge der XII Tafelgesetzgebung jedoch und der gleichzeitigen Einführung des gemünzten Geldes wurde die Zuwägung allgemein nur Symbol für die reelle Preiszahlung, welche unabhängig von dem Acte erfolgte.

Dadurch, dafs sich somit die eine Seite des Vollzuges von der anderen trennte, wurde die innere Einheit des Mancipationsactes zerrissen. Die gegenseitige Abhängigkeit der beiden Leistungen aber wurde materiell durch den Satz garantiert, dafs die rechtliche Wirkung der Hingabe von dem realen Vollzug der Zahlung abhängig blieb.[1])

Durch die factische Trennung gewann nun die der Solennität notwendig vorausgehende Verabredung, wenn sie auch rechtlich noch ohne Wirksamkeit war, thatsächlich deshalb erheblich an Bedeutung, weil sich in ihr die Einheit des Actes verkörperte.[2])

Mit dem Augenblicke, wo dieser die Klagbarkeit verliehen wurde, trat die Mancipation zu ihr in das Verhältnis einer reinen Vollzugshandlung.[3])

Sehen wir, wie bei dieser Entwicklung sich die Normierung des periculum verhalten hat, so ist vor allem hervorzuheben, dafs die

---

1) Bechmann I 198–201.
2) Ibidem 418.
3) Ibid. 417 ff., 462.

Gefahrfrage keine compliciert theoretische, sondern im Gegenteil eine eminent praktische, auch den einfachsten Rechtsverhältnissen sich gewaltsam zur Lösung aufdrängende ist. Dies verkennen diejenigen, welche in der Lehre vom periculum ein Gebilde der Doctrin erblicken.[1])

Solange nun die Mancipation alle wesentlichen Momente des Rechtsverhältnisses, sowohl seiner Begründung als seines Vollzuges in sich enthielt, ging die Gefahr, wie auch nicht anders denkbar, mit dem Acte, d. h. mit der durch ihn bewirkten Eigentumsübertragung auf den Erwerber über. Die Frage ist nur, wie es kam, dafs diese Wirkung der Mancipation später, als sich die Kaufabrede von ihr trennte, von jener auf diese überging.

Da die Mancipation ursprünglich Vollzug und Verabredung zugleich war, so stand, nachdem diese beiden Momente sich trennten, die Wage für die Entscheidung der Frage, ob nunmehr die Gefahr an diesen oder jenen geknüpft werden sollte, gleich. Folgendes aber sprach bei den Römern gegen die uns so natürlich erscheinende Verbindung des periculum mit dem Vollzuge.

1) Auch zu der Zeit, wo die Mancipation noch Begründung und Vollzug in sich vereinte und selbstverständlich die Gefahr übertrug, emancipierte sich die Rechtsanschauung von dem Gedanken des notwendigen Zusammenhanges zwischen Eigentum und Gefahr, weil diese mit dem Acte selbst, jenes aber erst mit der Baarzahlung überging.

2) Aber auch Vollzug und Gefahr konnten den Römern deshalb nicht mehr als untrennbar zusammengehörige Momente erscheinen, weil bei einer grofsen und besonders wichtigen Klasse von Fällen, nämlich den Grundstücksverkäufen, die reale Tradition, also der Vollzug, von der Mancipation abhängig war und erst später erfolgte.[2]) Für diese Fälle nahm die Mancipation also schon frühzeitig den Charakter nicht des Vollzugs-, sondern des Begründungsactes an.

3) Dem gegenüber gewann die Kaufberedung, wie oben angedeutet, die wichtige Stellung desjenigen Momentes, welcher bei jedweder Gestaltung alle wesentlichen Bestandteile einheitlich zusammenfafste. Als sich später die Entstehung und Wirksamkeit des Rechtsverhältnisses an sie und nicht mehr an die Mancipation anknüpfte, mag man auf Grund der obigen Erwägungen und besonders deshalb, weil man sich gewöhnt hatte, die Mancipation mehr als Begründungs- denn als Vollzugsact anzusehen, dahin gekommen sein, die Gefahr durch positive Norm mit dem Vertragsabschlufs zu verbinden. Mit dem derzeitigen Rechtszustande stand dieser Satz auch umsoweniger in Widerspruch,

---

[1]) Dies nehmen an Wächter 198, Fuchs 227. Dagegen Hofmann 11.
[2]) G I 121, Ulpian Fragm. XIX 6. Bechmann I 72, 549.

als die Entwicklung des functionellen Synallagmas einer späteren Zeit angehörte.

Der Gedanke aber, der auch praktisch für einen solchen Rechtssatz zu sprechen schien, ist der oft entwickelte und auch unbedingt legislativ höchst bedeutsame, daſs an und für sich in der Natur des Kaufs kein Hindernis liegt, die Tradition, d. h. also den Teil der Erfüllung, welcher die Preiszahlung auslöst, sofort vorzunehmen, und daſs deshalb der Käufer den Schaden des zufälligen Aufschubes derselben zu tragen hat. Dieser Gedanke muſste den Römern deshalb um so geläufiger sein, weil auch historisch der Kauf Zug um Zug die Grundlage des späteren Consensualvertrages war.

Diese Anschauung führte in ihren Consequenzen zu der Ausbildung des Perfectionsbegriffes. Denn wenn man grundsätzlich die Gefahr mit dem Vertragschluſs verband, so that man dies doch nur, weil und insofern der Vertrag normalerweise und unter einfachen Verhältnissen auch unmittelbar das Rechtsverhältnis selbst erzeugt.

Ist daher die Entstehung dieses durch eine Suspensivbedingung aufgeschoben, so knüpft sich die Gefahr naturgemäſs erst an die Existenz desselben, also an die Erfüllung der Bedingung.

Die Erwägung, daſs die Gefahr mit der Begründung des Rechtsverhältnisses deshalb übergehe, weil auch die Erfüllung sich unmittelbar an die Begründung anzuschlieſsen pflegte, führte weiter dazu, zum Gefahrsübergang ein Stadium unmittelbarer Erfüllbarkeit zu fordern; und dies ist die Concentration des Rechtsverhältnisses auf einen möglichst individualisierten Inhalt.

Das so entstandene Princip, daſs die Gefahr mit dem perfecten Kauf übergehe, hat zur Folge, daſs die Unmöglichkeit der Erfüllung nach Perfection des Rechtsverhältnisses der Erfüllung gleichsteht. Diese Formulierung des Satzes ist von den römischen Juristen in jenen bekannten Stellen adoptiert worden, und insofern hat die Fictionstheorie Recht.

Die Verknüpfung der Gefahr mit der Abrede in Verbindung mit jenen beiden, wohl auf demselben historischen Grunde beruhenden Eigentümlichkeiten der usucapio pro emtore geben im Resultat der Verkaufserklärung jenen als Entäuſserungsnatur bezeichneten Charakter. Zu leugnen ist nur, daſs diese Sätze notwendige Consequenzen des Wesens der Verkaufserklärung sind. Denn diese Erklärung hat zu allen Zeiten dieselbe Natur, ohne jedoch, wie z. B. im preuſsischen Recht, jene Consequenzen mit sich zu bringen.

§ 28. Unsere letzte Aufgabe ist es nun, das Princip in seiner Anwendung auf die einzelnen Fälle zu verfolgen.

Nachdem dasselbe einmal für den Kauf theoretisch und praktisch anerkannt war, konnte seine Ausdehnung auf die übrigen auf Sachübertragung gerichteten Schuldverhältnisse keinem Bedenken unterliegen. Wir haben oben versucht, dasselbe für die bezüglichen Fälle des Societätsvertrages und für die modernen Innominatverträge nachzuweisen.

Was hierdurch für diese Rechtsverhältnisse erreicht ist, stellt sich wirtschaftlich dar als die Versicherung des Leistungsverpflichteten gegen jeden Schaden, welchen er infolge nicht vertretbaren Zufalls bezüglich des Leistungsobjectes erlitten hat. Die Gegenleistung bildet für ihn den Ersatz für die Sache, deren er sich entäufsert. Den Anspruch auf diesen Ersatz behält er, trotzdem ihm die Leistung der Sache unmöglich geworden ist. Unmöglichwerden aber heifst für ihn, des Wertes der Sache verlustig gehen, und diesen Verlust erhält er ersetzt durch die Gegenleistung.

Zwar ist nicht jede Unmöglichkeit Untergang der Sache selbst. Object des Rechtsverhältnisses des Käufers ist die Pflicht des Verkäufers, eine Sache zu leisten, also eine Thätigkeit in Beziehung auf einen Gegenstand. Eine Unmöglichkeit, die sich allein auf die Thätigkeit selbst bezieht, ist schwer denkbar. „Die menschliche Thätigkeit, welche zur Beschaffung einer Sachleistung erfordert wird, ist in der Regel eine sehr einfache“[1]) und mufs im Verhinderungsfall durch Vertreter besorgt werden. Unmöglich wird die Leistung vielmehr nur dann, wenn die Sache die Fähigkeit verliert, Gegenstand der Leistung zu sein. Hierher gehört erstens Untergang derselben; ferner aber auch Ereignisse, welche sie dem Vermögenskreise des Verpflichteten definitiv entziehen, wie Raub, Diebstahl, Confiscation, unwiederbringliches Verlieren. Auch diese bedeuten für ihn Verlust ihres vollen Wertes.[2]) Eine dritte Art von Unmöglichkeit enthalten die Fälle, in denen die Sache an sich im Vermögen des Verpflichteten verbleibt, aber infolge ihrer Verkehrsentziehung nicht mehr wirksam geleistet werden kann. Auch dies aber ist dem Verlust des Wertes gleichzusetzen, denn der Wert einer Sache steht in untrennbarem Zusammenhange mit ihrem Preis, und dieser hängt wiederum naturgemäfs von ihrer Verkäuflichkeit ab: durch den Verlust dieser letzteren wird die Sache für ihren Besitzer nichts als ein totes Capital.

Bedeutet somit Unmöglichkeit für den Besitzer Verlust des Wertes der Sache, so stellt ihn andererseits die Normierung der Gefahr gegen jeden solchen Verlust sicher; sie bereichert ihn nicht, denn sie giebt ihm nur wieder, was er schon verloren hat; andererseits aber kann er sich den Verlust der Sache deshalb nicht als solchen anrechnen, weil er diese in natura doch hätte weggeben müssen.

---

[1]) Mommsen I 28.
[2]) Ibid. 31.

Die Gegenleistung soll nun aber auch nie mehr sein als ein Ersatz der Sache selbst. Sie ist gedacht als das Aequivalent für die Entäufserung derselben und sie hat den Zweck, die Lücke, welche der Besitzer durch die Weggabe in seinem Vermögen erleidet, wieder auszufüllen. Mehr als dieses soll sie nach Grundsätzen der Billigkeit auch dann nicht sein, wenn die Leistung unmöglich geworden ist. Erhält der Schuldner für die reelle Leistung auch nur ein Aequivalent der Sache, so soll er auch dann nur ein solches erhalten, wenn die Lücke in seinem Vermögen nicht durch die Weggabe, sondern durch einen Zufall verursacht worden ist.

Hieraus hat das römische Recht folgende Consequenzen gezogen:

1) In den seltenen Fällen, wo die Unmöglichkeit der Leitung für den Schuldner keinen Schaden bedeutet, geht er des Anspruchs auf den Preis verlustig. Hierher gehört die Unmöglichkeit der Annahme seitens des Gläubigers. Die bona fides, auf welche sich l 29 pr D 21, 2 beruft, beruht darauf, dafs der Schuldner, der seine Sache nach wie vor verwerten kann, nicht noch dazu den Kaufpreis lucrieren soll.

2) In den Fällen des doppelten Verkaufs würde der Verkäufer, der nur eine Sache verlieren kann, dieselbe bei strenger Durchführung des periculum doppelt ersetzt erhalten. Es ist oben auszuführen versucht worden, wie das römische Recht diese Consequenz nach Grundsätzen der bona fides vermieden hat und dem Verkäufer stets nur das Recht auf den einen Kaufpreis zubilligt.

3) Ebenso wurde dem Verkäufer einer fremden Sache ein Anspruch auf den Preis nur dann gewährt, wenn der Untergang der Sache thatsächlich s e i n Vermögen betroffen hat.

4) Erhält der Verkäufer den Preis ebenso als wenn er geleistet hätte, so mufs er dafür Alles herausgeben, was ihm von der Sache geblieben ist: dahin gehören die Klagen gegen Dritte auf Ersatz, die Abfindung bei der Teilung und vor allem der Versicherungsanspruch oder die Versicherungssumme.

5) S o l l der Verlust der Sache den Verkäufer treffen nach der Absicht des Gesetzgebers oder des Staates, dann kann er ihn nicht auf den Käufer abwälzen; deshalb hat der Verkäufer, dessen Grundstück confisciert wird, keinen Anspruch auf den Preis.

Wir nehmen nun weiter an, dafs das in dieser Weise ausgebildete Princip, dessen Resultat die gesicherte Stellung des zur Sachleistung Verpflichteten gegen Zufälle ist, auf die Mietsverträge übertragen werden sollte, dafs es aber hier infolge der wesentlichen Eigentümlichkeiten dieser Verträge die Gestalt annehmen mufste, die es angenommen hat.

Die Kluft zwischen Kauf und Miete ist insofern unüberschreitbar, als dort der Schuldner die Gegenleistung erhält, trotzdem er selbst nichts geleistet hat, während sie ihm hier nur nach Mafsgabe des von ihm Geleisteten gewährt wird. Die Frage ist: warum wird dem Vermieter resp. Arbeiter die Gegenleistung nicht auch für den Rest der Mietszeit oder die ganze übernommene Arbeit gewährt? Warum steht die ideelle Weggabe des Gebrauchs oder der Arbeit nicht der ideellen Weggabe der Sache gleich?[1]) Die Antwort darauf lautet: weil der Vermieter damit mehr ersetzt erhalten würde, als er selbst durch den Zufall eingebüfst hat. Um dies zu begründen, müssen wir etwas näher auf die wirtschaftliche Verschiedenheit von Kauf und Miete eingehen.

Auch die Miete gipfelt wie der Kauf in einem Austausch von Leistungen gegen Geld; die Nutzungen bilden ein wirtschaftliches Gut, welches Object des Austausches ist, und rechtfertigt es sich insofern, die Miete als nächste Verwandte des Kaufs zu bezeichnen. (G III 144 § 3 J III 24.) Trotzdem herrschen fundamentale Unterschiede zwischen den beiden Vertragsarten.

Das unterscheidende Merkmal ist vielfach darin gefunden worden, dafs beim Kauf die Leistungen den Charakter einer momentanen Erfüllung, bei der Miete den einer dauernden Gewährung, also einer durch einen gewissen Zeitraum sich fortsetzenden Erfüllung haben. So formuliert, kann diese Unterscheidung nicht als zutreffend erachtet werden; denn auch dem Kauf ist die dauernde Gewährung mindestens in demselben Mafse wesentlich, wie der Miete. Und zwar ist dies ein Satz, der einerseits in der naturalis ratio des Kaufes begründet ist,[2]) und andererseits auch in der gemeinrechtlichen Behandlung der Eviction seine positive Stärke findet.

Die Verpflichtung des Verkäufers ist darauf gerichtet, dafs der Käufer die Sache habe, d. h. in seinem Vermögen habe. Um dieser Verpflichtung nachzukommen, mufs er zuerst dem Käufer den Besitz verschaffen, zugleich aber auch den ruhigen und ungestörten Genufs dieses Besitzes, das habere sine interpellatione nach 1 188 D 50, 16 garantieren;[3]) kurz er ist insoweit verpflichtet, den Käufer zum Eigentümer zu machen, dafs er ihm auf das volle Interesse haftet, sowie er irgendwie durch die Thatsache des nicht verschafften Rechtes geschädigt ist; insofern aber genügt das blofse habere licere praestare, als ohne Vermögensschädigung der Käufer blos daraus, dafs er nicht Eigentümer geworden ist, gegen den bona fide Verkäufer keine Ansprüche herleiten kann.[4])

Diese Garantiehaftung ist aber keine von der Traditionspflicht getrennte, zufällige oder nebensächliche; sie ist vielmehr eine mit ersterer

---

[1]) Degenkolb S. 192.
[2]) Leist 68.
[3]) Nicht für den unentziehbaren Besitz, wie Bernhöft (168) will. Unentziehbaren Besitz hat nur derjenige, dem das Recht zu besitzen zur Seite steht. Windscheid II § 389 Anm. 8a.
[4]) Windscheid § 389 Anm. 3 und 5.

einheitliche Verbindlichkeit, ohne welche der wirtschaftliche Zweck des ganzen Geschäftes gar nicht zu erreichen wäre.[1]) Es ist nicht richtig, wenn Bechmann (I 602) sagt, daſs das habere licere praestare nur eine eventuelle und nebensächliche Verpflichtung darstelle, das uti frui licere aber den vollen Gehalt der Verbindlichkeit erschöpfe. Es scheint, als ob gerade der Umstand, daſs der Zeitraum der Haftung des Vermieters beschränkt, der des Verkäufers aber unbegrenzt ist, hat vergessen lassen, daſs die letztere ebenso wesentlich dauernd ist, als jene, und daſs das gegenüberstehende Recht hier ebenso auf den dauernden Genuſs eines Vermögenswertes gerichtet ist, wie dort auf die dauernde Nutzung einer Sache. Deshalb sind tradere und habere licere praestare nicht zwei getrennte Verpflichtungen, sondern „die Eviction hat nur die Bedeutung, daſs sie den Schein zerstört, als ob die geschehene Leistung Erfüllung der dem Leistenden obliegenden Verbindlichkeit gewesen ist".[2])

l 3 pr D 19, 1 drückt dies mit aller wünschenswerten Klarheit aus, wenn sie sagt: ut si quis eam possessionem iure avocaverit, tradita possessio non intelligatur.

Das stärkste Argument für die Einheit der beiden Verpflichtungen besteht darin, daſs der Evictionsanspruch nichts anderes ist, als die actio emti selbst, nicht etwa eine getrennte Klage, wie z. B. die aus dem ädilitischen Interdict. l 21 C 8, 45.

Der Unterschied zwischen Kauf und Miete liegt vielmehr in dem verschiedenen wirtschaftlichen Charakter derselben und in dem Verhältnis, welches hier und dort zwischen Leistung und Gegenleistung besteht.

Die empirische Absicht des Käufers geht darauf, die Kaufsache zu haben, d. h. wie ein Eigentümer zu haben. Zu diesem Zweck muſs sie ihm definitiv und in der Gesamtheit ihrer Beziehungen überlassen sein. Wenn diese Absicht sich verwirklichen soll, dann muſs sie vor allem fähig sein, definitiv und in ihrer Totalität übereignet zu werden. Fähig hierzu sind aber nur selbstständige Sachen oder Rechte. Dadurch scheiden aus dem Kreis der möglichen Kaufobjecte diejenigen Güter aus, welche sich ihrer Natur nach nur als Eigenschaften der Sache, als von ihr ausgehende Kräfte und Wirkungen darstellen, und welche man treffend als bloſse Functionen derselben bezeichnen kann.[3]) Die Vertragsart, welche sich auf den Umsatz von Gütern dieser Art beschränkt, ist die Miete. Auch der Käufer bezweckt, sich die Eigenschaften der Sache anzueignen, denn in diesen besteht allein der wirtschaftliche Wert eines Gegenstandes. Diesen

---

[1]) Stintzing 198.
[2]) Bekker JB. VI 233. Bernhöft 172. Das weitere bei Bekker 234—235, 306 ff.
[3]) Bechmann 61.

Zweck erreicht er aber dadurch, dafs ihm die Sache selbst und damit zugleich die Gesamtheit ihrer Eigenschaften übereignet wird. Bei der Miete hingegen ist die Absicht der Contrahenten auf die Überlassung des Gebrauches allein gerichtet. Deshalb ist der Erfolg durch das blofse Nehmen und Geben nicht erreicht, denn hier fehlt der auf die definitive Überlassung hinzielende Wille; es kommt noch hinzu die Absicht der Zurückgabe nach gemachtem Gebrauch.[1])

Wenn aber auch dieser Gegensatz zwischen den möglichen Gegenständen des Kaufs und der Miete theoretisch ein absolut strenger, so kann man doch nicht sagen, dafs derselbe in der Wirklichkeit die Welt der thatsächlich vorhandenen Güter in zwei durch eine ganz scharfe Grenze voneinander geschiedene Hälften teilt. Beinahe ein jedes Ding kann von der einen Seite betrachtet ein selbständiges Object, in anderer Hinsicht wiederum die Pertinenz oder die blofse Function eines andern sein. Bei Entscheidung der Frage, welcher Kathegorie ein Rechtsgeschäft angehören soll, kommt es also sehr viel auf den subjectiven Standpunkt des Rechtssystems oder gar im Einzelfalle auf die subjective Absicht der Contrahenten an.

Auf dem Gebiete der Sachmiete im engeren Sinn ist einem Zweifel kaum Raum gelassen. Dasjenige, was eine Sache zum Gegenstande dieses Geschäfts geeignet erscheinen läfst, kann kaum etwas anderes sein als eine blofse Qualität der Sache und zwar eine Qualität, welche sich darstellt als die Fähigkeit, gewissen menschlichen Thätigkeiten zu dienen. Anders wird dies jedoch, wenn die nutzbaren Eigenschaften der Sache ins Leben treten als möglicherweise selbständige Gegenstände. Ein Beispiel hierfür bietet das Pachtverhältnis, dessen wirtschaftlicher Zweck auf die Früchte, also auf Gegenstände, die man ebenso gut als selbständige Sachen auffassen kann, gerichtet ist. Ob Pacht oder Kauf der künftigen Früchte vorliegt, läfst sich nur entscheiden mit Rücksicht auf die subjective Parteiabsicht. Will der Erwerber an der Production der Früchte gar keinen Anteil haben, so kauft er sie als selbständige künftige Sachen. Deshalb ist das Geschäft über die Lieferung von Ziegeln mit der Abrede, dafs der Besitzer des Grundstückes dieselben anfertigen soll, nach 1 65 D 18, 1 Kauf und nicht Pacht; deshalb bezeichnet auch Cato (cap. 149) den Pächter der Winterweide nicht als colonus, sondern als emtor, da er an der Production der Früchte keinen Anteil nimmt, sondern die stehenden erwirbt. Bei der Pacht hingegen gelten die Früchte als blofse Eigenschaft der Sache; das Object des Geschäftes ist die abstracte Nutzbarkeit des Gutes, und diese auszubeuten ist die Sache des Pächters.[2])

[1]) Ibidem.
[2]) Bechmann II 166 ff. Degenkolb 141.

Ein Beispiel dafür, welchen Wandlungen in dieser Hinsicht auch das Rechtssystem unterworfen ist, bietet uns die Vectigalienverpachtung des römischen Rechts. Die lex Thoria agraria von 643 und Festus (v. venditiones) liefern uns das Zeugnis davon, dafs die Verpachtung der staatlichen Gefälle ursprünglich als Kauf und erst später allgemein als Pacht aufgefafst wurde.[1] Bechmann[2] führt dies mit Recht darauf zurück, dafs früher das Fehlen einer zurückzugewährenden Sache der Anwendung des Pachtbegriffes im Wege stand, während man später das Verhältnis als Vergabung eines staatlichen Rechts auffafste, und da dieses Recht seiner Substanz nach dem Staate verblieb, zur Annahme einer blos zeitlichen Überlassung der Nutzung geführt wurde. Eine ähnliche Entwickelung hat endlich auch die Construction des Rechtsverhältnisses am ager vectigalis durchzumachen gehabt. Mit dem Kauf hat dasselbe die definitive Überlassung gemein, und wurde es daher früher als solcher aufgefafst. In diesen Rahmen pafste aber nicht erstens die periodische Gegenleistung und ferner das Verbleiben des Eigentumsrechtes beim Besteller; und die Erkenntnis dieser zwei dem Mietsverhältnis wesentlichen Merkmale veranlafste die kaiserliche Gesetzgebung, das Verhältnis als mietsähnliches, obwohl mit dinglicher Klage geschütztes zu bestimmen.[3]

Das Rechtsverhältnis der Miete hat also zum Gegenstand die Sachnutzungen aufgefafst als Functionen des Mietsgegenstandes. Eigenschaften und Kräfte aber bethätigen sich nicht im Moment, sondern ihr wirtschaftlicher Wert besteht in dem Charakter der Dauer, der ihnen innewohnt, d. h. in ihrer Fähigkeit, sich mit jedem Augenblicke zu erneuern. Diese dauernde Nutzungsfähigkeit ist das Gut, auf dessen Aneignung die Parteiabsicht sich richtet. Die Erfüllung ist nun zwar beim Kauf ebenso eine dauernde als bei der Miete, aber bei letzterer ist das Zeitmoment dem Gegenstande der Erfüllung selbst noch in der Weise immanent, dafs er sich notwendig als eine stetig sich erneuernde Kraft oder Eigenschaft der Sache darstellt. Die Nutzbarkeit als wirtschaftliches Gut gefafst, repräsentiert gleichsam die Zinsen des in der Mietsache steckenden Capitales, und ihr Wert in Geld wird meistens den durchschnittlichen Zinsen des Kaufpreises der Sache entsprechen. Ist nun die Geldleistung stets Aequivalent der Sachleistung, so folgt daraus, dafs sie für ein Object, welches selbst eine zeitliche Dauer hat, und dessen ökonomischer Wert dieser Dauer proportional ist, auch ihrerseits in einem notwendigen Verhältnis zu dieser Dauer stehen wird. Damit sollte nichts,

---

[1]) Die lex agraria von 643 (Bruns fontes 2. Ausg. S. 54) spricht von den vectigalia publica fruenda locanda vendunda; Festus referiert, dafs früher die censorischen Verpachtungen venditiones genannt wurden.

[2]) I 423. Vgl. Degenkolb 140.

[3]) l 1 C 4, 66 l 1 3 D 6, 3 l 1 pr § 3 l 2 D 43, 8.

als die einfache Thatsache bewiesen werden, dafs der Mietspreis der Dauer des Mietsverhältnisses genau entspricht. Wenn ich eine Wohnung miete auf ein Jahr für 1200 Mk., so ist dies dasselbe, als wenn ich sie auf ein Jahr für monatlich 100 oder für halbjährlich 600 Mk. gemietet hätte. Kurz, es entspricht mit mathematischer Genauigkeit jedem Teilchen der Mietszeit ein genau zu berechnender Teil des Mietsgeldes.

Beim Kauf hingegen und bei allen Entäufserungsverträgen ist die Dauer des Verhältnisses bezüglich der Gegenleistung ganz unerheblich; diese wird ausgelöst durch den momentanen Teil der Erfüllung, d. h. durch die Tradition, während sie bei der Miete normalerweise erst nach der Gewährung fällig wird. Der dauernden Gewähr entsprechen beim Kauf die Zinsen der Kaufsumme. (Vgl. 1 13 § 20 D 19, 1.)

Dafs der Preis bei anderen Entäufserungsverträgen in einer dauernden Rente bestehen kann, steht der obigen Unterscheidung nicht im Wege. Denn auch in diesen Fällen entspricht das Zeitmoment der Geldzahlung nicht dem Zeitmoment der Erfüllung; vielmehr wird auch hier der Preis bezahlt für die Hingabe als solche, d. h. die Übereignung als momentaner Act gedacht. Daher sind auch die zeitliche Rentenzahlung des Erwerbers einerseits und die in der Garantiehaftung bestehende dauernde Verpflichtung des Verkäufers andererseits in ihrem Schicksal völlig von einander unabhängig.

Die Anwendbarkeit des eben Ausgeführten auf die Dienstmiete steht aufser Zweifel. Die locatio conductio operarum ist ihrer rechtlichen Natur nach der Sachmiete conform, der Gegensatz besteht nur in der Natur der Leistungen. Ist diese Zurdispositionsstellung einer Sache, so hat jene die Gewährung von Diensten zum Inhalt. Die Fähigkeit des Arbeiters, Dienste gewisser Art zu leisten, entspricht dort der wirtschaftlichen Brauchbarkeit der Sache; wie diese als Function der Sache, so kann auch die Arbeitskraft als Function des Menschen aufgefafst werden. Noch vollkommener endlich wird die Analogie, wenn man der Auffasssung der modernen Nationalökonomie folgend, den möglichen Ertrag der Arbeit als Zinsen des zur Erziehung und Erhaltung des Arbeiters verwendeten Capitales betrachtet.

Auch hier folgt aus der Natur der Sache, dafs überall da, wo die Arbeit als Tauschobject in Betracht kommt, die Zeit der Gewährung ein wesentliches Moment des Verhältnisses ist; auch hier ist die Gegenleistung der Arbeitszeit genau entsprechend und mit Rücksicht auf jeden beliebigen Abschnitt der Arbeitszeit zu berechnen.

Die l. c. operis ist ebenso, wie die Dienstmiete, auf die Gewährung eines bestimmten Arbeitsquantums gerichtet,[1]) aber sie unterscheidet

[1]) Dankwardt 304, vgl. Windscheid Krit. II 141.

sich von dieser durch die Stellung, welche sie dem Arbeiter dem Arbeitsresultat gegenüber einräumt. Sie nimmt nicht blos dessen mechanische Thätigkeit in Anspruch, sondern überträgt ihm gleichzeitig die Leitung und selbständige Anordnung der Arbeit behufs Erreichung eines bestimmten Arbeitsresultates.[1])

Wenn wir auch bei der Werkverdingung die Frage stellen, welche Momente für die Preisbestimmung die ausschlaggebenden sind, so bestätigt sich auch hier die Abhängigkeit der Geldleistung von der durch den Vertrag erforderten Arbeitszeit. Im Gegensatz zur emtio rei futurae kommt für die Bestimmung des Preises der Materialwert deshalb nicht in Betracht, weil das Material Eigentum des Bestellers ist. Der Preis wird vielmehr gebildet aus zwei anderen Factoren: einmal aus den für die Arbeit erforderlichen Kosten und Auslagen; und zweitens aus einem Aequivalent für die Arbeit selbst. Dies Aequivalent richtet sich wiederum nach der Arbeitszeit, indem es sich nach dem Durchschnittsertrage der für die Dauer der Ausführung erforderlichen Arbeit bestimmt.

Letzteres ist von Mommsen (I 365 III 425) bestritten worden; derselbe behauptet unter Berufung auf l 85 § 2 D 45, 1 die Unteilbarkeit des opus.

Dies ist insoweit richtig, als das opus selbst, das einheitliche Ganze, auf dessen Herstellung der Vertrag gerichtet ist, seinem Wesen nach eine teilweise Erfüllung ausschliefst; und deshalb lehrt Paulus in der citierten Stelle, dafs nur einer für die Erfüllung einstehen kann.[2]) Bezüglich des rein wirtschaftlichen Verhältnisses der beiden Leistungen zu einander ist jedoch allein der Umstand, dafs der Gegenstand des Vertrages unstreitig Arbeit ist, mafsgebend dafür, dafs der Preis sich nach der Dauer dieser Arbeit richtet. Insofern entspricht auch hier jedem Teil der Leistung ein verhältnismäfsiger Teil der Gegenleistung. Dafs dies der Absicht der Contrahenten nicht immer genehm ist, mag Mommsen zugegeben werden, zumal da ja eventuell der Besteller hier von der teilweisen Erfüllung überhaupt keinen Vorteil hat; unzweifelhaft aber entspricht es der objectiven Sachlage.

Das für die Miete Gesagte findet auch auf den Societätsvertrag Anwendung, wenn dieser in der Form abgeschlossen wird, dafs Sachen oder Dienste zur Disposition der Gesellschaft gestellt werden. Der Gesellschafter, der seine Sache oder seine Arbeitskraft dem Dienste der Societät widmet, will in den Vorteilen, die er von dieser zu er-

---

[1]) Der von Dankwardt durchgeführte Gegensatz zwischen Werkverdingung und Entreprise entbehrt der Bestätigung in den Quellen. Windscheid II § 401 Anm. 3a. Auch spricht dagegen l 38 § 21 D 45, 1, da hiernach der conductor operis die Ausführung locare kann, also die eigene Ausführung nicht notwendiges Erfordernis der l. c. operis ist.

[2]) Dankwardt 320. Windscheid Krit. II 141.

warten hat, einen Ersatz für das, was er ihr gewährt, erhalten, und er bemifst diesen Ersatz nach der Dauer der Gewährung. Die analoge Ausdehnung obiger Sätze auf diejenigen Innominatverträge, die ihrem wirtschaftlichen Charakter nach zu den Mietsverträgen zu rechnen sind, ergiebt sich von selbst. Besteht hier die eine Leistung in einer blos zeitlichen Gewährung einer Arbeitskraft oder einer Sache, so ist der Vermögenswert der Gegenleistung dieser Dauer angepafst und eventuell proportional zu dieser zu reducieren.

Vor allem ist nun bei Mietsverträgen die Wirkung des Zufalles hier eine andere und zwar infolge der eigentümlichen Natur des Gegenstandes der Leistung. Dieser Gegenstand ist nichts Körperliches, sondern eine blofse Möglichkeit des Gebrauchs oder eine Fähigkeit zur Arbeit, welche von Moment zu Moment neu entsteht. Ein Zufall kann daher nur den Gegenstand des Gebrauchs oder der Arbeit oder endlich den Arbeiter selbst treffen; beides aber ist nur Substrat resp. Subject der Obligation. Unberührt bleibt davon die Benutzung und die Arbeit vor dem Zufall, denn sie ist gewährt, und ebenso die nach dem Zufall, denn sie ist überhaupt noch nicht ins Leben getreten.[1])

Betrachten wir nun die beiden Hälften des Rechtsverhältnisses, wie sie durch den während der Dauer eintretenden Zufall von einander getrennt sind.

Die erste erstreckt sich von der Perfection des Rechtsverhältnisses bis zur Unmöglichkeit.

Der Mietspreis soll Ersatz sein dafür, dafs dem Vermieter der Gebrauch der Sache für eine gewisse Zeit entzogen ist resp. dafs er seine Arbeit in fremdem Interesse verwertet. Er ist berechnet nach der Zeit dieser Entziehung. Daraus folgt, dafs solange die Entziehung im Interesse des Mieters[2]) nicht stattfindet, auch der Mietspreis als Ersatz nicht zu gewähren ist.

Die Consequenz hiervon ist, dafs solange die Erfüllung möglich ist, der Vermieter selbst nach der Perfection einen Ersatz nur für die Zeit beanspruchen kann, während welcher er thatsächlich geleistet hat. Bis dahin kann er die Sache selbst benutzen und seine Arbeitskraft in seinem eigenen Interesse verwerten, denn der Wert derselben besteht allein in der blofsen Gebrauchs- und Verwendungsmöglichkeit. Für die Zeit, wo dem Eigentümer resp. Arbeiter diese selbst zu Gebote steht, kann er den als Ersatz für die Weggabe derselben gedachten Mietspreis nicht fordern.

Beim Kauf hingegen ist das blofse längere oder kürzere Haben

[1]) S. für das Vorhergehende Brinz II (2) 313, Mommsen I 363.

[2]) Wir gebrauchen hier der Kürze halber Mieter immer für den conductor rei, operarum und den locator operis; Vermieter für die resp. Gegencontrahenten.

der Sache, die einmal veräufsert ist, für den Veräufserer wirtschaftlich gleichgiltig, zumal da er ja doch die Nutzungen der Zwischenzeit herausgeben mufs.

Ein Anspruch auf den Preis steht daher dem Vermieter nur zu für die Zeit des Beginns der wirklichen Erfüllung bis zur Beendigung des Verhältnisses durch den Zufall. Während dieser Zeit hat er die Nutzung der eigenen Sache entbehrt und in fremdem Interesse gearbeitet, also zum Zwecke der Erfüllung etwas geopfert. Diesem Abschnitte entspricht ein genau zu berechnender Teil des Mietspreises, wie wir es oben für sämtliche Mietsverträge ausgeführt haben. Würde er diesen Teil der Gegenleistung nicht trotz des Zufalls, der die Fortsetzung seiner Leistung hindert, erhalten, so würde er insofern Schaden erleiden, als er ohne Entgelt eine gewisse Zeit lang die Verwertung seiner Arbeit oder den Gebrauch seiner Sache entbehrt hätte.

Wir gelangen nun endlich zu der Hauptfrage: warum wird die Gegenleistung nicht auch für den zweiten Abschnitt der contractlichen Dauer des Rechtsverhältnisses gewährt, in welchem die Erfüllung dem locator unmöglich geworden ist?

M. E. ist der Grund ein rein logischer, der in jedem Rechtssystem beachtet werden müfste und für alle Verträge, welche auf dauernde Gewährung von Nutzungen, Diensten oder Arbeit gegen Entgelt gerichtet sind, Geltung hat: nämlich der, dafs der Schuldner, welcher von dem Zufall betroffen wird, durch diesen bezüglich des eigentlich in obligatione befindlichen Objectes keinen Schaden erleidet und die Gegenleistung ihn daher auf Kosten der anderen Partei bereichern würde.

In einzelnen Fällen bedarf dies schon deshalb gar nicht der Ausführung, weil ein Zufall bei Mietsverträgen überhaupt nicht derart zu sein braucht, dafs er dem Vermieter die anderweitige Ausnutzung seiner Leistungen entzieht. Bei der Sachmiete würde, falls die Sache zu einem gewissen Gebrauch vermietet ist, ein Zufall, durch welchen sie die Fähigkeit, diesem Gebrauch zu dienen, verliert, als totale Unmöglichkeit in Betracht kommen. Ein solcher Zufall hindert aber möglicherweise den Vermieter nicht an einer anderen und vielleicht nicht weniger lucrativen Ausbeutung derselben.

Wenn ferner z. B. der Tagelöhner durch Naturereignisse verhindert ist, an den Ort seiner Arbeit zu gelangen, wird er regelmäfsig seine Arbeitskraft auch anders verwerten können; ebenso der Unternehmer eines Werkes, wenn dieses von einem Zufall betroffen und die Weiterarbeit dadurch unmöglich geworden ist.

In diesen Fällen ist der Gedanke des Parallelismus zwischen dem durch den Zufall bewirkten Vermögensschaden und der Gegenleistung als Ersatz für denselben ja auch durch positive Vorschrift berücksichtigt: denn der Mieter wird selbst dann, wenn er sich auf die

Unmöglichkeit an und für sich nicht berufen könnte, durch den Nachweis befreit, dafs der Vermieter seine Sache oder seine Dienste anderweit hätte verwerten können.

Nun ist freilich in vielen Fällen die Unmöglichkeit für den Vermieter selbst eine totale und entzieht auch ihm für die Zukunft die Nutzungen seiner Sache oder seiner Arbeit. Aber auch in diesen Fällen wird die Behauptung aufrecht erhalten, dafs der Schade, den er dadurch erleidet, sich nicht auf das bezieht, was eigentlich in obligatione ist, nämlich die zukünftigen Nutzungen oder die Arbeit selbst.

Dafs diese eventuell nur als künftiges Vermögen in Betracht kommen würden, bedarf keiner Ausführung.[1]) Hier wird aber behauptet, dafs dieselben überhaupt als ein selbständiges Vermögensobject gar nicht aufzufassen sind und daraus, dafs sie für die Zukunft nicht mehr entstehen können, ein selbständiger Schade gar nicht zu berechnen ist.

Die künftigen Nutzungen einer Sache oder einer Arbeitskraft stellen sich dar als die Zinsen des in der Sache oder in der Arbeitskraft steckenden Capitales. Ein Zufall aber trifft nie diese künftigen Zinsen selbst, sondern nur das Capital, und der Schade, den er anrichtet, ist nur zu berechnen als Verminderung des Capitalwertes. In obligatione aber ist nicht das Capital, sondern die künftigen Nutzungen, für welche dieses nur das materielle Substrat abgiebt. Die künftigen Nutzungen haben einen selbständigen, unabhängig von dem Capital zu berechnenden Wert nicht, sondern sie sind nur die Form, in welcher der Wert des Capitales ins Leben tritt. Zinsen aber aus einem Capital zu ziehen, welches selbst nicht mehr existiert, hat etwas Widersinniges,[2]) und wollte man den Schaden des Zufalls allein in Bezug auf den künftigen Zinsverlust berechnen, so könnte man ja ohne Grenze bis ins Unendliche gehen.

Nun bezieht sich aber das Mietsverhältnis allein auf die künftigen Nutzungen der Sache oder der Arbeit, und nur für diese ist der Ersatz berechnet. Diese haben wiederum für den Vermieter einen selbständigen Vermögenswert nur, insoweit sie wirklich ins Leben treten. Und daher würde die Gegenleistung für die Zeit, wo die fernere Entstehung unmöglich geworden ist, eine Bereicherung über den eigenen Verlust hinaus für den Vermieter enthalten. Flagrant

---

[1]) Scheurl Beitr. II, 2 S. 33: „Gewifs können doch res futurae, wenn ihre künftige Entstehung auch noch so sicher ist, nicht zu den wirklichen Bestandteilen des Vermögens gerechnet werden, dem sie erst künftig angehören sollen.“ 1 1 D 7, 7 Paulus: opera in actu consisit nec ante in rerum natura est quam si dies venit quo praestanda est, quemadmodum si stipulamur: quod ex Arethusa natum erit.

[2]) Reatz 361.

würde dies besonders in solchen Fällen sein, wo der Zufall gleichzeitig dem Vermieter das Recht auf Ersatz des Capitalwertes giebt. Brennt z. B. das vermietete Haus ab, und erhält der Versicherer die Versicherungssumme, so würde er, falls er den Mietspreis auch für die künftige Zeit erhielte, für diese Zeit den doppelten Zinsgenufs, bestehend aus dem Mietszins und den Zinsen der Versicherungssumme haben.

Diesen Ausführungen steht der Umstand nicht entgegen, dafs sonst das Recht wirksame Verfügungen über künftige Vermögensgegenstände wie z. B. die Cession und Verpfändung künftiger und bedingter Forderungen und Forderungen auf künftiges Vermögen kennt. Dies sind rechtliche Verfügungen über künftige Rechtsverhältnisse, über solche, die im Entstehen begriffen sind resp. sich auf künftige Vermögensobjecte beziehen.[1]) Das hier Gesagte aber nimmt allein Rücksicht auf das rein interne Verhältnis zwischen einer nur zukünftig möglichen Leistung und einer präsent möglichen Gegenleistung innerhalb eines Schuldverhältnisses.

Zweifel könnte nur der auch im römischen Recht anerkannte Grundsatz erregen, dafs reine Schadensersatzforderungen sich auch erstrecken können auf die abzuschätzenden künftigen Mietsnutzungen oder den mutmafslichen Arbeitsverdienst. Unzweifelhaft ist dies in folgenden Stellen ausgesprochen.

l 24 § 4 D 19, 2 Paulus:

Colonus, si ei frui non liceat, totius quinquennii nomine statim recte aget . . .

Das Interesse des an der Nutzung behinderten Pächters bezieht sich auf die Nutzungen der ganzen Mietszeit.

l 3 D 9, 1 Gaius:

Ex hac lege iam non dubitatur etiam liberarum personarum nomine agi posse, forte si patrem familias aut filium familias vulneraverit quadrupes: scilicet ut non deformitatis ratio habeatur, cum liberum corpus aestimationem non recipiat, sed impensarum in curationem factarum et operarum amissarum quosque amissurus quis esset inutilis factus.

Vgl. l 7 pr D 9, 2.

Der verletzte Arbeiter kann den Verlust seiner Arbeitsfähigkeit danach berechnen, wieviel er künftighin an Arbeitslohn verdient hätte.[2])

Aber man darf nicht übersehen, dafs zwischen diesen Fällen und

[1]) Wenn Schlesinger die Beschlagnahme des noch nicht verdienten Lohnes als unmöglich bezeichnet, so hätte er consequenterweise diesen Widerspruch aus denselben theoretischen Gründen auch gegen die Möglichkeit der Pfändung noch nicht fälliger Miete richten müssen.

[2]) Vgl. über diese Stellen Cohnfeldt S. 119, Mommsen III 190, 119 ff.

den oben besprochenen ein ganz erheblicher Unterschied obwaltet. Die Verpflichtung zum Schadensersatz giebt einen für die Zukunft wirksamen Rechtsgrund dafür ab, den Schaden zu liquidieren, insoweit sich herausstellt, dafs er thatsächlich eingetroffen ist. Abgeschätzt wird derselbe nach Lage der Verhältnisse zur Zeit des Urteils. Da aber stets der Geschädigte von neuem klagen kann, soweit er sich dies nur vorbehalten hat,[1]) so ist, um ferneren Prozessen vorzubeugen, die Abschätzung künftigen Schadens zulässig, insofern sich dieser nur mit einiger Sicherheit feststellen läfst. Durch den Zufall hingegen wird das obligatorische Verhältnis für die Zukunft abgeschnitten und soll kein Rechtsgrund mehr für spätere Ansprüche sein.

Ferner mufs man aber noch einen weiteren Unterschied bezüglich der Entscheidungen jener Stellen machen. Die erste bezieht sich allein auf Schadensersatz wegen Nichterfüllung einer Obligation. Hier ist der Schuldner aus der Obligation verpflichtet, dem Gläubiger alles zu gewähren, was derselbe bei der Erfüllung gehabt hätte, also den Geldwert der gesamten Leistung. Darin liegt kein Widerspruch mit dem oben Gesagten, da er ja seinerseits auch berechtigt ist, die Gegenleistung zu fordern, und da ja auch nie bestritten worden ist, dafs künftige Mietsnutzungen für den Fall, dafs sie zur Entstehung kommen, in Geld abgeschätzt werden können.

Schadensersatz wegen Beschädigung jedoch, wie ihn die beiden anderen Stellen voraussetzen, trifft überhaupt nie das, was bei Mietsverträgen der eigentliche Gegenstand der Leistung ist, sondern immer nur das Capital selbst. Deshalb wird auch bei Beschädigung einer Sache nie von Ersatz der Mietsnutzungen die Rede sein, sondern nur von Ersatz der Sache selbst. Anders ist dies bei freien Menschen. Was hier vom Schaden getroffen wird, ist auch nicht die künftige Arbeit, sondern die gegenwärtige Arbeitsfähigkeit, also das Capital, nicht die Zinsen. Ein freier Mensch hat aber keinen Capitalpreis, und deshalb läfst sich Ersatz für Schädigung an Leib und Leben nur berechnen nach dem Ertrage dieser Arbeitsfähigkeit: dies ist jedoch auch nur die Berechnungsweise für den Schaden, den das Capital als solches erleidet.

Zu demselben Resultat würde man übrigens auch dann gelangen, wenn man annehmen würde, dafs auf Grund der Behandlung des Kaufes sich die Regel von der Fiction der Erüllung gebildet, und diese Regel dann auf die Mietsverträge angewendet worden ist. Fingiert wird die Erfüllung beim Kaufe deshalb, weil der Aufschub derselben ein zufälliger war, und sie bis zum casus ganz hätte erfolgen können. Daraus folgt, dafs man die Erfüllung auch nur insoweit bis zum Zufall fingierte, als sie bis dahin möglich war. Bei Sach- und Dienstmiete würde

---

[1]) Mommsen III 201.

sich hieraus schon ergeben, dafs höchstens die Zeit von der Perfection des Rechtsverhältnisses bis zum Zufall in Betracht kommen könnte; denn nur bis dahin läfst sich die Erfüllung, welche hier eine dauernde ist, fingieren. Bei der Werkverdingung liefse sich freilich unter Umständen die Vollendung des ganzen Werkes als geschehen denken, da die Dauer der Leistung hier nicht kalendermäfsig fixiert zu sein pflegt. Nun tritt aber bei sämtlichen Mietsverträgen wiederum die weitere Beschränkung hinzu, dafs, solange die Erfüllung möglich ist, der Vermieter oder Arbeiter nur insoweit Ersatz dafür verlangen kann, als er wirklich geleistet hat, da es ihm freistand, solange er seine Sache oder Arbeit nicht dem Mieter zur Disposition stellte, dieselbe anderweitig zu verwerten: und so käme man wiederum zu demselben Resultat, dafs bei Mietsverträgen der Schuldner die Gegenleistung nur in dem Mafse beanspruchen kann, als er seinerseits geleistet hat.

Indem somit die Behandlung des Kaufs historisch erklärt und die der Miete als deren wirtschaftlicher Natur entsprechend nachgewiesen ist, haben wir von vorneherein das Bestreben aufgegeben, die verschiedenen Gestaltungen der Regel unter eine sie alle umfassende juristische Formel zu bringen. Bewiesen sollte nur werden, dafs die Römer durch die historische Entwickelung des wichtigsten zweiseitigen Geschäfts dazu gekommen sind, principiell der Sachleistung insofern eine gewisse überlegene Stellung zu geben, als der Schuldner derselben auch bei Unmöglichkeit das Recht auf die Gegenleistung behält; dafs aber dieses Princip bei den Mietsverträgen keine andere Ausbildung erfahren konnte, als es erfahren hat. Das wirtschaftliche Resultat der gemeinrechtlichen Normen über Unmöglichkeit der Leistung bei zweiseitigen Schuldverhältnissen läfst sich dahin formulieren: Bei eintretender Unmöglichkeit nach Perfection eines zweiseitigen Schuldverhältnisses wird dem Schuldner die Gegenleistung insoweit gewährt, dafs ihm der Vermögenstand, so wie er bezüglich des Objectes der Leistung im Augenblick des Zufalls war, für die Zukunft garantiert bleibt.

Damit sind wir an den Schlufs unserer Aufgabe gelangt. Das, was die vorliegende Arbeit darzustellen versucht hat, ist in einem grofsen Teil Deutschlands noch heute geltendes Recht; die Zweifel und Controversen, auf welche wir bei jedem Schritt gestofsen sind, begegnen noch heute täglich der richterlichen Praxis; und selbst für den Handelsverkehr sind sie durch die Vorschrift des Art. 345 HGB. nicht beseitigt. So hoch wir daher auch die innere Logik und die Practicabilität des römischen Rechtes stellen, so begrüfsen wir es doch mit Freude, daſs der Entwurf des bürgerlichen Gesetzbuches an Stelle der römischen Normen einfache und dem deutschen Rechtsgefühl mehr entsprechende Bestimmungen gesetzt hat. Als Princip stellt derselbe im § 368 für zweiseitige Verträge bei Unmöglichkeit der einen Leistung auch den Wegfall der Gegenleistung auf. Infolge dessen trifft beim Kauf die Gefahr den Verkäufer (§ 463), und sind hierdurch die weittragendsten der oben besprochenen Controversen beseitigt. (Vgl. Motive zu § 368, insbes. Bd. II S. 206.) Bei Sach- und Dienstmiete trifft in grundsätzlicher Übereinstimmung mit dem römischen Recht den Vermieter die Gefahr. Bei der Werkverdingung trägt sie der Übernehmer gemäſs § 576 sogar bis zur Abnahme, und zwar mit Rücksicht darauf, daſs das Gesetz im Gegensatz zu dem oben Entwickelten die Vergütung als für das Arbeitsproduct als solches zugesagt betrachtet. (Vgl. Motive zu §§ 576 und 567, insbes. II 471.) Damit hört freilich der ganze Vertrag auf, im eigentlichen Sinne Miete zu sein. Für die Gesellschaft überläſst der Entwurf mit Rücksicht auf die Schwierigkeit einer principiellen Lösung der Wissenschaft und Praxis die Entscheidung. (Vgl. Motive zu § 631 vorletzter Absatz.)

Druck von Dobrzynski & Müllner in Berlin

Kolibri 360 GmbH
Ferdinand-Jühlke-Straße 7
99095 Erfurt, Deutschland
produktsicherheit@kolibri360.de